U0594361

危机的逻辑

王松 张劲帆 / 著

民主与建设出版社　博集天卷 CS·BOOKY

目　录

Contents　危机的逻辑

危机的逻辑

美国篇

（上）

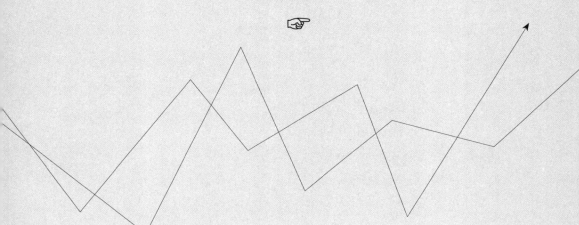

毒害全世界的
次贷危机

┌─────── 关键词 ───────┐

次贷危机

量化金融产品

有毒资产评级机构
└──────────────────────┘

引　言

2008年9月15日，世界五大投资银行之一的雷曼兄弟宣布破产，标志着震撼世界的美国次贷危机正式开场。很快，美林证券将自己出售给了美国银行以避免类似的覆灭命运，而之前几个月贝尔斯登刚刚在美国政府的帮助下勉强将自己贱卖给了摩根大通银行。在短短几个月时间里，曾经不可一世的美国五大著名投资银行就死伤过半，连最负盛名的高盛和摩根斯坦利也只是在美国政府的羽翼保护下才勉强涉险过关。甚至连美国保险业巨头、百年老店AIG（美国国际集团）都因为豪赌次贷相关金融产品，最终被美国政府接管。

这场发源于美国的巨大金融危机最终席卷全球，引发全球股市房市暴跌，超过2万亿美元的金融财富灰飞烟灭，全球经济陷入一片萧条。希腊、爱尔兰和冰岛这些曾经富裕的欧洲国家甚至出现了国家破产的情况！美国的失业率一度从危机前的5%倍增到超过10%；西班牙的失业率更是高达25%，每4个劳动力中就有1个失业。中国自然也不能幸免，据估计，有超过1000万农民工由于工厂停工被迫返乡。在全球范围内，有超过3000万人失去工作，5000万人重返贫困线以下。为了拯救经济，救助危机重重的金融机构，美国政府大举借债，使得美国国债占GDP的比重由危机前的65%迅速扩大到100%左右。中国政府也没闲着，一方面直接祭出了4万亿元财政进行刺激，另一方面通过银行体系释放高达10万亿元贷款来避免经济硬着陆。此次金融危机的烈度和各国政府的反应，均堪称百年一遇。

与那些失去财产、挣扎在贫困线上的普通大众相比，最让人寒心的是危机的制造者们几乎个个都赚得盆满钵满毫发无伤：雷曼兄弟的五位高管在金融危机前的八年时间里赚取了超过10亿美元的总收入！Countrywide银行因为疯狂发放问题贷款最终倒闭，但其首席执行官安吉洛·莫兹罗（Angelo Mozilo）在危机发生前的年薪竟高达4700万美元，此外他还在危机前一年通过出售股票赚取了1.4亿美元！美林集团的首席执行官史丹利·奥尼尔（Stanley O'Neal）在2007年因为把公司带入绝境而遭到解职后，竟然获得了1.5亿美元的离职补偿！

不得不说，整个金融系统的贪婪和由此衍生的系统性欺诈正是导致次贷危机的根本原因之一。

量化金融产品经济学

要理解次贷危机，必须首先理解什么是量化金融产品（金融衍生品）。自从"冷战"结束以来，大量的物理学家和数学家转行进入了金融业。从过去设计制造原子弹，到现在设计交易各种复杂量化金融产品——用股神巴菲特的话说，就是生产制造金融业的大规模杀伤性武器。很多金融衍生品本质上就是一个个赌局，这些赌局可以是关于某支股票未来的价格，整个股票市场的指数，黄金、石油等商品的未来价格，甚至可以是未来的天气情况等等。由于为各类投机活动提供了便利条件，因此金融衍生产品的规模和种类增长十分迅速。

量化金融产品既可以作为投机工具纯粹用来赌博，也可以成为一种有用的保险工具。这一特性造就了它天使和魔鬼的双重特性。一方面，有些量化金融产品的特性确实有利于实体经济的生产、经营和投资活动；另一方面，其赌博特性又使得它可能加剧金融体系的动荡。由于利益集团的长期活动，再加上量化金融产品自身具有的复杂性，导致监管机构在金融衍生品的监管方面存在巨大的盲区和漏洞。事实上，美国商品期货监管委员会曾经试图出台措施监管日益庞大的衍生品市场，但最终被利益集团所阻挠。参议员菲尔·格兰姆（Phil Gramm）甚至引入立法，彻底排除了这些衍生产品被监管的可能性。毫不奇怪，他从参议院退休后便成为了著名投资银行UBS（瑞士联合银行集团）的副总裁，而他的太太则长期担任安然公司董事，该公司以金融衍生品交易和财务造假臭名昭著。美国前财长萨默斯也是反对监管的重要推手，他在退休后从华尔街一家大量交易金融衍生品的对冲基金获得了2000万美元的收入。更不要说两位实权派财政部长鲁宾和保尔森。他们在担任财政部长之前都是华尔街顶级投资银行高盛集团的董事长。美联储主席格林斯潘更是历史上最受华尔街热爱的联储主席，他旗帜鲜明地支持减少对金融系统的监管。

可以说，正是由于金融创新的飞速发展，造成了学术界和监管机构的理论匮乏和思想混乱。由于理论完全落在了实践的后面，再加上来自于华尔街的大量政治献金和游说，造成了空前宽松的舆论和监管环境。华尔街培育并充分利用了这样的大好时机，以一日千里的速度，发展出复杂程度令人叹为观止的大量量化金融产品，其影响之深远前所未闻。美国首富盖茨曾经感慨，20世纪90年代初的时候，他非常受华尔街欢迎，大家都想听他讲讲软件工程师将如何改变世界。但是很快，再也没有华尔街的人对他感兴趣了，因为世界上最优秀的软件工程师都被华尔街招募去开发量化金融产品了。更有甚者，目前全美国每年超过一半的物理博士毕业生都被华尔街所雇佣！这些量化金融产品一方面为华尔街的投资银行创造巨额利润，另一方面也为日后的次贷危机埋下了隐患。可以说，由于这些金融衍生品的复杂性，使得金融机构自己都没有能够充分意识到其中蕴含的重大风险。正是这样一个快速金融创新的大背景，一个宽松监管的大环境，加上一群贪婪无知的华尔街银行家，为次贷危机的上演做了最充分的准备。

住房抵押债券的逻辑

在华尔街令人眼花缭乱的量化金融产品当中，有一种叫作MBS（住房抵押贷款债券化）的产品直接引发了金融危机。美国过去的住房按揭模式和我国类似，都是商业银行吸收储蓄并以此发放按揭贷款。这些贷款往往长达20至30年。在此期间，银行的收益是每月按揭贷款的还本付息。如果一旦违约，银行虽然可以获得房产，但是不免蒙受损失。因此，银行在发放按揭贷款时会非常小心，尽量避免违约损失。与此同时，银行能够发放贷款的数量也受到自身资金量和监管部门的双重约束。

为了能够发放更多贷款，赚取更高收入，同时减少风险，美国商业银行联合华尔街投资银行家发明了MBS。按照这个新的玩法，银行在发放抵押贷款以后，并不继续持有这些按揭贷款，而是将它们转卖给投资银行，由投资银行把大量类似的按揭贷款捆绑在一起打包，然后切割成风险程度不等的债券，这些债券经过评级机构评级后，最终卖给保险公司、共同基金、对冲基金和养老金基金等机构投资者。这些按揭贷款每个月产生的利息被汇总，然后按照住房抵押债券的优先级被逐级分配给购买不同债券的投资者。较高优先级别的债券优先获得还本付息，较低优先级别的债券后获得还本付息。较高优先级别债券风险较低，相应的利率也比较低；较低级别的债券风险较大，相应的利息更高。住房抵押债券的好处是银行不需要大量资金来持有这些抵押贷款，几乎不用承担任何按揭违约风险，还可以通过发放并出售这些贷款赚取巨额利润。

投资银行通过购买大量按揭贷款并把它们捆绑在一起进行切割，一方面可以分散风险；另一方面通过创造不同风险程度的债券，迎合不同投资者的需求。比如，对冲基金偏爱高风险高收益债券；保险公司和退休基金更喜欢低风险债券；而共同基金的偏好介于两者中间。投资银行的做法就好比将鸡切割成鸡腿、鸡翅、鸡胸、鸡架，分别出售给不同买家，从而获得优于整鸡出售的利润。通过这样的切割把这些住房抵押贷款卖出一个好价钱。风险评级公司乐得通过给这些新债券评级来增加收入，而投资者也因为可以获得相对更高的收益率以及更符合自己风险偏好的产品而积极参与。正是因为住房抵押债券链条上的各方都能从中受益，MBS问世伊始便获得巨大成功。

最初投资银行只是把最优等级借款人的按揭贷款作为原材料，生产出住房抵押债券，慢慢地金融工程师们在利益驱动下开始使用那些信用评级比较低、风险比较大的借款人的按揭贷款作为原材料，生产出所谓的次贷债券。这也成了金融危机的元凶。

博弈的各方

本来按照我们所分析的那样，住房抵押贷款债券可以成为一项成功的金融创新。但是由于缺乏监管，各参与方的激励机制逐渐出现扭曲，导致很多欺诈手段开始在债券产生的各个环节中涌现，最终埋下了金融危机的祸根。下面就让我们来看看参与各方都使出了什么样的诈骗伎俩。

✿ 商业银行

正如我们之前所分析的，银行自从参与了住房抵押债券的利益链条后，急速扩大抵押贷款的发放，全美国的新住房按揭贷款发放数量从2000年的1万亿元猛增到2003年的近3万亿元。在这个过程中，由于银行不再需要持有这些贷款并承担违约风险，他们认真甄别借款人的激励不复存在。与此同时，一旦一笔抵押贷款发放，转手卖给投资银行就可以获得利润和奖金，尽量多放贷款就成为主要激励，因此按揭贷款的质量开始明显下降。最后，为了进一步发放更多住房抵押贷款，银行开始把主意打到那些过去没有资格获得按揭的人群身上。

在美国，如果借款人的信用评级较低，这种按揭贷款就叫次级贷款。这些人往往没有稳定的收入来源，有些根本没有收入证明，另一些有严重的违约历史，放贷给这些人的违约风险很大，过去银行只有在特殊情况下，才敢发放少量按揭贷款给这个群体。但是由于激励机制的改变，银行开始越来越多地给这个群体发放贷款，这些次级贷款被卖给投资银行，捆绑后切割成不同的债券，也就是次级债。次级按揭贷款的规模由最早的一年不足300亿美元，在不到十年时间里猛增到2007年的6000亿美元。

在危机爆发前的2005年和2006年，为了能够发放更多按揭贷款，各种五花八门的欺诈手段被银行设计出来，吸引那些很可能没有偿还贷款能力的普通人。比如当时有人报告美联储主席格林斯潘，市场上有超过150种不同条款的按揭贷款合同，即使是一个数学博士也搞不清楚，到底哪些合理，哪些具有欺诈性。Countrywide董事长、首席执行官莫兹罗可以说是一位欺诈集大成者。在公开场合，他把自己装扮成一位穷人之友，喋喋不休地兜售他关于要想致富需买房、要想买房需找Countrywide贷款的理论。同时他的公司设计出各种能够最大化自己利息收入的复杂按揭产品兜售给穷人。讽刺的是，越是那些教育程度低的穷人，越需要那种他们根本无法理解的，像是火箭工程师设计出的复杂按揭。这些人最终从中受到的伤害也最大。比如，一些按揭只需要很低的首付，而且在前三年甚至不用支付本息，但是在此之后突然就要支付很高的本息。这类按揭产品专门引诱那些想要拥有住房，但短时间内支付本息有困难的贷款人。莫兹罗一方面兜售自己银行的次级按揭贷款，另一方面却在私下里承认这是他职业生涯里从未见过的"有毒"资产。恰恰是这些"毒资产"给他带来了每年数千万美金的个人收入。莫兹罗甚至直接用脚投票，一直不动声色地出售自己持有的Countrywide股票，在次贷危机爆发前共计卖出4亿美元。Countrywide在2000年的时候，年利润还只有不到4亿美元，2003年的利润就超过了20亿美元。然而骗局总要被揭穿，最后Countrywide有高达20%的次级按揭贷款出现了违约，直接导致该公司的崩溃。极为讽刺的是，调查发现Countrywide这家银行为了游说政府不要过问其次级贷款放贷行为，竟然为许多政府高官发放了低息按揭贷款，其中就包括次贷危机后领导检讨监管失职，并主持制定《多德-弗兰克法案》的重量级参议员多德本人！莫兹罗最终被判罚2200万美元，但相比他从次贷骗局中攫取的数亿美元，实在是微不足道。

❖ 投资银行

商业银行敢于肆无忌惮发放按揭，一方面是由于房价不断上涨，按揭违约风险较小（即使违约也不怕）；另一方面也是由于他们可以把按揭卖给投资银行。这些投资银行通过包装和重组这些原始贷款制造出抵押债券，再通过出售这些债券赚取利润。在这个过程当中，那些本来无人敢于接手的次级贷款，利用让美联储主席伯南克都叹为观止的复杂数学模型，再经过层层打包分割，其中60%竟然奇迹般地被贴上无风险债券标签，和美国国债平级，从而实现了高价出售！

这个过程不仅让外行，也让众多金融从业者感到匪夷所思。事实证明，复杂的数学模型只不过是掩饰虚伪的外衣。而投资银行希望能够从一堆垃圾里面炼出黄金的想法，很可能不仅仅出于发明永动机或搞炼金术的狂妄和无知，更是有意为之！比如，在2006年高盛集团一方面向投资者高价兜售这些被错误定价、错误评级的次贷债券，另一方面通过衍生产品和保险巨头AIG对赌自己出售的次贷债券必将出现违约。这还不是最令人瞠目结舌的，高盛在与AIG集团下注价值220亿美元的赌局后，由于担心AIG可能因倒闭无法支付这笔钱，又额外花了1.5亿美金购买关于AIG倒闭的保险。这样即使AIG出现倒闭，高盛也将获得巨额赔偿！精明如高盛，无愧于华尔街第一投行的头衔。最终，美国检察官表示"高盛集团需要为其严重的失当行为负责，该集团曾错误地向投资者保证其所出售的债券由健康的抵押贷款提供支持，但实际上该集团明知其中充满了很可能出现违约的贷款"。最终，高盛为它的欺诈行为支付了51亿美元罚款。高盛并不是唯一一个一方面兜售自己次贷产品给客户，另一方面对赌这个产品会出现违约的投资银行。其他因为类似欺诈行为被罚款的银行还包括摩根士丹利和德意志银行，前者被罚26亿美元，后者被罚72亿美元。

✿ 评级机构

投资者为什么会购买这些次级抵押债券呢？一方面固然是因为相信了高盛们的声誉，更重要的是因为信用评级巨头穆迪、惠誉和标准普尔的配合。高盛等投资银行的金融炼金术要想把垃圾炼成"黄金"，必须要获得评级机构出具的最终"检验合格证书"，也就是较高的债券信用评级。事实证明，这些评级机构根本就不具备对次贷债券这类复杂金融资产进行正确风险评估的经验和能力。但是在数十亿美元的巨大利益诱惑面前，他们却争先恐后地加入到利益链条中来分一杯羹。要知道，评级机构的利润完全来自于那些请它们评级的投资银行。评级机构面对次级抵押债券，本来就没有真正的评估能力，如果还不愿配合投资银行，那么人家完全可以把几百万、几千万的评估费交给愿意配合的其他机构。结果，这些鼎鼎大名的国际著名评级机构在利益面前沦为了收钱的橡皮图章。仅穆迪一家的净利润就从2000年的差不多7亿美元，增加到2007年的超过20亿美元。评级机构没能抵挡住糖衣炮弹、履行金融系统防火墙的义务。由于误导投资者，穆迪被判罚8.64亿美元，标准普尔被判罚15亿美元。但是他们给投资者造成的损失又岂止这一点钱呢？很多养老基金就是因为听信了这些评级机构的报告，购买了次贷债券，最终造成数十亿美元的惨痛损失，背后则是大量退休老人生活质量的下降。

✿ 普通家庭

那些偿还贷款比较困难的家庭为什么要借入次级贷款买房呢？他们看到美国房价从1996年到2006年，以年均超过10%的速度增长！买房变成了发财致富的代名词。这时候，商业银行的按揭贷款经理主动找到这些普通家庭，告诉他们银行可以提供按揭贷款，虽然贷款利率要高一点，但是考虑到房价上涨速度还是很划算的。如果现在没有足够的钱付首付，可以大幅降低首付；如果没有稳定工作和收入来源，可以帮忙伪造收入证明；如果一开始付利息都有压力，可以前几年支付超低利息然后再开始支付较高利息。最不济，如果几年以后实在无法偿还按揭，也可以卖掉房子偿还贷款，由于那时候房价已经上涨，剩下还是赚的。很多人可能还会追问，如果房价下跌了怎么办？这时按揭经理会告诉他们，过去若干年的房价何曾下跌过？每年都是两位数的增长！面对如此万无一失的完美投资，很多家庭动心了，迫不及待投身到这样一场财富盛宴之中。事实上，这些家庭的顾虑是对的，如果他们不只看10年，而是看更往前的110年，刨除通货膨胀后，每年房价正常的增长其实只有差不多1%。那10年恰恰是美国历史上最大规模的房地产泡沫！刨除通货膨胀因素，从1996年到2007年，房价在短短10年间上涨了一倍。要知道在此之前，美国花了100年才实现房价翻倍！当然，即使一个家庭了解历史，按揭贷款经理还是会劝导他们，这次真的不一样，你看你的邻居

A、B、C、D都因为买房发了财。天下没有暴涨而不跌的资产，最终很多家庭的多年积蓄由于支付按揭利息和房价下跌损失殆尽，成为次贷危机最惨痛的受害者。

✿ 监管机构和学术机构

任何一个系统性的重大骗局都离不开监管部门的姑息和舆论的放纵。美国金融机构很早就明白营造宽松监管环境和良好舆论氛围的重要性。他们充分利用了金融创新的复杂性，一方面对监管机构极力游说，另一方面费尽心思影响学术界。华尔街常年雇佣了几千名游说者在华盛顿对国会和各级政府部门进行游说，力求减少政府监管。据统计，在金融危机爆发的前10年里，华尔街花费了几十亿美元专门来进行游说工作。除此以外，对乐于配合的重要政府官员，华尔街为其提供了退休后的丰厚收入。这些官员退下来后或者出任虚职，担任顾问、董事等直接获得高额报酬，或者穿梭于华尔街各种聚会从事付费演讲工作。

金融机构把同样的手法也用到了学术界。学术界虽然没有权力，但他们是影响舆论导向的重要力量。很多重要学者在担任华尔街大银行董事和顾问的同时，收取佣金从事具有一定导向性的研究工作。比如2006年，曾经担任美联储货币政策委员会委员的哥伦比亚大学米什金（Frederic S.Mishkin）教授（这位教授的书现在是我国经济金融学的主要教科书之一）在收取了冰岛商务部12.4万美元佣金后，撰写了一篇关于冰岛金融体系的论文，其主要结论是冰岛金融体系健康而稳健。为了增加影响，第二年冰岛商务部如法炮制，又找到了伦敦商学院的著名教授波特写了篇几乎同样结论的论文。当冰岛金融体系在随后的次贷危机中土崩瓦解后，米什金教授竟然在简历中把自己写的冰岛论文题目由《论冰岛的金融稳定性》改为《论冰岛的金融不稳定性》。当有人指出这一点后，米什金教授说这是出于笔误。2004年时任哥伦比亚大学商学院院长的格伦·哈伯德（Glenn Hubbard）教授和高盛集团首席经济学家威廉·杜德利（William Dudley）共同撰写了一篇论文，盛赞那些后来引发次贷危机的金融产品。可以想象，哈伯德教授也在众多金融机构里担任顾问或董事。

音乐停止的时候

正如莎士比亚在《罗密欧与朱丽叶》中的名言，"狂暴的快乐往往预示着狂暴的结局"，那些在音乐中疾驰的舞者，以为可以在音乐停止的刹那停下舞步。但是随着音乐戛然而止，他们重重地摔倒在地。次贷危机以迅雷不及掩耳之势，一举击垮了美国乃至世界的金融体系。

次贷危机中定乾坤的关键因素是房价。房价在2007年以前大幅连续上涨了10年，使很多人产生了房价会永远上涨的幻觉。很多故事被编造出来（比如IT革命，美国吸引更多移民，住房用地即将用尽等等）解释为什么这次不一样，房价会永远上涨。事实证明，房价上涨根本上源于两个因素，一个是美国长期采取的低利息政策，另一个是房价长期上涨形成的涨价预期。为了拉动经济增长，美国采取了很长时间的低利率政策，低利率使得很多人能够负担起房屋贷款，从而创造出对于房屋的有效需求，促进房价上涨。当越来越多的人预期房价会持续上涨，银行创造出次贷产品，降低贷款标准，减少首付要求，故意提高房价评估，为更多家庭提供贷款，从而促进房价进一步上涨。由于上涨的预期得到了证实，因此人们的预期进一步增强，最终造成房价在一定时期内持续上涨。所有这些都忽略了一个根本问题：到最后很多人其实负担不起如此昂贵的住房和房贷，他们买房纯粹是期待通过房价上涨获利。当房价上涨持续到甚至连次级贷款都难以发放的时候，房价就涨到了尽头。

房价停止上涨使得那些原本付不起房贷的人没有理由继续持有住房，他们开始加速出售房产，导致房价大幅下跌。最终，越来越多的人只能通过违约来处理他们的房产，从而蒙受巨大损失。美国的房贷款违约率在2006年以前只有2.5%左右。自2006年底开始，违约率迅速攀升，最高超过10%。全美的平均房地产价格从2007年初的高点下跌了近1/3，个别地区甚至出现了房价腰斩！房价的迅速下跌使得次贷按揭出现大范围违约，并传导到次贷债券出现大规模违约。华尔街投行根本没想到违约会这么快发生，蔓延会这么广，猝不及防间由于手头还有很多没有销售的次贷产品，因此也蒙受了巨额损失。更糟糕的是，这些投资银行的很多钱都是通过抵押自己库存的次贷债券获得的短期贷款，债主们眼见违约率快速攀升，再也不愿接受任何次贷债券作为抵押物。由于突然间切断了投行的重要融资途径，2008年3月华尔街五大投资银行之一的贝尔斯登率先倒下了。最终，在美国政府的干预和保证下，以2美元一股的价格狼狈卖给摩根大通银行。贝尔斯登是幸运的。2008年9月雷曼兄弟土崩瓦解的时候，连愿意扶它一把的人都已经找不到了。随后，那个和高盛对赌次贷的保险巨头AIG也倒下了。为了避免整个金融系统崩溃，美国政府花了7000亿美元救援金融体系，包括将AIG收归国有，为残余的投资银行和商业银行巨头们注入巨资，在市场上广泛收购各类债券等等。当AIG被收归国有后，AIG之前对赌协议中输掉的610亿美元，通过使用纳税人的钱，得以全数偿付给了对赌方，其中就包括高盛集团获得的140亿美元。别忘了美国当时主导救助AIG的财政部长保尔森正是高盛的前CEO！具有讽刺意味的是，AIG、雷曼兄弟、贝尔斯登等著名金融机构在倒闭之前甚至还享有穆迪、标准普尔和惠誉等评级机构几乎最高等级的信用评级！

分析与点评

次贷危机已经过去近10年，但是世界经济依旧没有恢复过来，好像一场还没有完全清醒的宿醉。一个必将在今后很多年挑战人们的问题是，出现在链条各个环节上的骗局究竟是怎样发生的？商业银行的贷款发放员、华尔街的银行家、评级机构的分析师其实都是普通人，除了贪婪，还有什么因素使他们几乎步调一致地投身到一场很多人自己都没有意识到的骗局中呢？花旗银行前首席执行官查尔斯·普林斯（Charles Prince）在危机爆发前夜有一句名言，后来引起人们广泛共鸣，"只要音乐没有停下来，我们就必须翩翩起舞"。当一项新的未经验证的金融产品被开发出来，如果它带来的收益是实时并且巨大的，而可能的风险和危害要过许多年才能够被知晓，那么即使一家金融机构希望采取谨慎策略，也很难抵御竞争对手给予的巨大压力，最终不得不被裹挟其中。这是机构层面上的羊群效应。

投资银行家个人层面的羊群效应其实更加明显。业绩提升带来的巨额工资、奖金以及快速提升是即时发生的，未来带给机构的损失要很多年才能显现，到时候自己可能早已离职。因此对这些金融机构里的个人来说，投身带有巨大不确定性和风险的新业务实质上等于用客户或者公司的钱来赌博。赢了好处是自己的，输了是客户和公司的。这种极度的机制扭曲，导致了大量欺诈手段在很多金融产品中横行。

我们一直在探索一个谜一般的事实：为什么那些"金融工程师"的收入数倍于一个真正的工程师？这些"金融工程师"一定会告诉你以下几句话："我们的金融工作很重要"，"但是太复杂你们不懂"，"金融危机纯属意外"，"再也不会发生了"。我们相信，次贷危机揭示出的人性贪欲的强大和金融体系中信用链条固有的脆弱之间具有不可调和的矛盾。而正是这种矛盾，一方面衍生出各种各样的金融制度安排来抵御欺诈，另一方面也衍生出层出不穷的金融诈骗。金融制度设计和金融诈骗正是互为攻守的矛和盾，在彼此的消长中推动金融体系的制度文明不断向前演进。

小偷小摸的
超级银行

关键词

商业银行

银行储户

身份盗窃

集体诉讼

富国银行的大发展

提起国际知名的大银行，大家会想到汇丰银行、花旗银行、渣打银行等等。这些银行出名，大抵是因为它们在世界各地设了很多分行，业务也做得很广。比如花旗银行在100多个国家都有业务，还发展到了中国香港、澳门和内地；再比如汇丰银行承担了港币的发行，作用可谓举足轻重。其实世界上还有一家超级大银行，大家可能不太熟悉，那就是美国的富国银行（Wells Fargo）。它的总资产达到了19000亿美元，超过了花旗银行。2013年富国银行的市值超过了中国工商银行，成了全世界市值最大的商业银行。大家不熟悉富国银行，是因为它只在一些少数国家开展业务，还不包括中国。

美国的大银行主要坐落在东海岸的纽约等地，而富国银行却孤零零地驻扎在了西海岸的旧金山。当年中国闹太平天国运动的时候，美国西部正好是淘金热。当时纽约一家银行有两个经理，一个叫Wells，一个叫Fargo，看到了西部的商机，便拿着资金到旧金山另起炉灶，开了家小信贷银行，专门为那边的淘金者提供存钱、取钱和寄钱的服务。这两个经理把自己的名字拼在一起，就成了富国银行的名字Wells Fargo。这两人还把银行名字编成了宣传语"together we will go far"，就是"我们一起可以走得很远"的意思。

那时候美国西海岸刚刚开发，银行业不发达，所以富国银行的发展没遇到竞争对手。淘金的人还没富起来，富国银行就已经先富起来。100多年来，富国银行通过一系列的兼并发展成美国重量级的银行寡头，在美国"四大银行"的排行榜上一直坐得很稳。

富国银行的低级盗窃

然而这个世界第一的位置并没有一直保持下去。2016年9月，富国银行内部一桩欺诈丑闻被揭露了出来。这个事件不光让富国银行的形象受损，而且让富国股票的市值一周就掉了10%。后来接二连三发生了储户退款和投资人撤资的事情，让富国银行的市值从此一蹶不振，也失去了世界第一的排名。

说起这桩丑闻实在是丢人，这个作为全球龙头的超级银行，竟然偷偷摸摸乱给储户开假账户。这么做虽然没坑到什么钱，但手法确实很低级。

事情是这样的：在富国银行有专门负责开户的客户经理，他们平日的业绩考量以开户的总数目为标准。开户越多，薪金拿的越多；开户越少，越有可能下岗。有些客户经理为了多开账户，就走了偏门。他们偷偷拿来储户信息，暗地里开设了一个又一个账户：储蓄账户、支付账户、网上账户、信用卡账户等等。这些账户都开在了储户本人的名下，但储户并不知情。即便被发现了，银行经理也假装说搞错了，把违法账号消除就算了事。

　　这些客户经理的冒名开户只需要做到两点：首先是要做得隐秘，其次只要达到开户目的就行，不需要涉及大笔转账。经理们盗用信息开了违法账户以后，就把原账号的钱偷偷转过来，钱的数目也就几百美元，够开设账户就行。违法账户有钱了，就可以去申请借记卡。等卡办好以后，这些客户经理再自己去激活、设密码。有些客户经理还给他们的储户暗地里开办了网上银行，假装储户用自己的手机或电脑在线管理账户。开设网上银行需要有电子邮件地址，为了隐瞒，这些客户经理就随便在网上注册个邮箱拿来对付。

　　虽然开这些假账户也不是为了偷钱干坏事，纯粹就是为了开户而开户，但毕竟储户受到了影响，而且个人信息也被盗用，事情的性质其实很恶劣，够得上刑事责任。而且有的储户也确实损失了财务：因为开违法账户，储户原账户的一部分钱没有了，如果原账户的钱降到了银行的警戒线标准以下，银行不但不付给其利率，反倒要加收管理手续费。富国银行支付账户的警戒线是3000美元，如果账户里的钱达不到这个金额，每个月就要缴25美元的管理手续费，一年的手续费就占了存款的10%以上。

　　更让人恼火的是，有些客户经理还擅自给他们的客户申请了信用卡。信用卡和银行账户、借记卡又不一样，因为办信用卡需要一系列的身份验证，不光要在银行内部建立账号，还要去信用评级机构申报。这就直接影响到了储户的信用记录。信用卡消费本质是借钱消费，债务越多，信用分数越低，储户再去买房买车，付的利率就会越高；若是信用分数太低，甚至有可能贷不到款。

　　最关键的是美国信用卡的费用很高，偿还年利率一般在12%~24%的样子，如果到期偿还不了还要交罚款。而且，信用卡每年还要缴不少年费。储户们根本不知道自己"被"申请了信用卡，看到年底的年费账单既吃惊又糊涂。有的储户缺钱花，有了信用卡也不问出处，拿去就刷，最后欠下了高额的利息。

上述情况在富国银行并不是特例。据统计，从2011年一直到2015年，一共有5000多个客户经理干过乱开违法账户的事。被冒名开设的银行账户一共有150万个，信用卡账户57万个，受影响的储户比美国缅因州的人口都多。

事情败露以后，为了尽快息事宁人，富国银行采取了一些积极的补救措施。首先马上弥补受害储户的财务损失，钱倒不多，一共240万美元，平均到每个储户头上也就25美元的样子；富国银行也承认不该给员工太多销售压力，导致违法事件的发生；最后，富国银行解雇了那5000多个涉嫌违法的客户经理。

控告与反控告

很多牵涉其中的储户非常气愤，想到法院去告，但是考虑到美国昂贵的律师费，以及胜诉的可能性，大多数人就只能作罢。

相对个人诉讼来说，在这种情况下集体诉讼是更好的办法，也能让更多的受害者参加到控告团队里来。最终3名被坑的储户牵头，找了20几个有同样遭遇的储户，决定组团状告富国银行。

在美国，法律诉讼可以是公开的听证会，也可以是庭外仲裁。公开的听证会，记者、媒体、普通老百姓都可以参加，那样富国银行劣迹的种种细节就会人尽皆知。庭外仲裁就是原告和被告关门商量解决案件。如果是庭外仲裁解决，富国银行可以自己选择仲裁者，一般都是银行体系的非司法的机构或个人，也很有可能也是富国银行的关系户。这肯定是富国银行想要的。

美国大公司和客户之间的官司，大多数都是闭门仲裁的形式。这并不是客户的选择，而是因为在双方最初签订的商业合同里往往都会有"如果产生纠纷当闭门仲裁"这样的条款。这句对客户不利的条款被藏在厚厚的合同文件里，很容易被忽略，许多人没注意这一点就把合同签了。

在富国银行和储户之间的合同里，也有这么一条"未雨绸缪"的条款："如果储户和富国银行有纠纷，只能在法庭外靠仲裁的方式解决，而不能到法庭提出控告。"凭该条款，富国银行要求法院不受理那20几个储户的集体诉讼，改用闭门仲裁的方式解决。富国银行主张，这些储户只是被冒名开设账号和信用卡，并没有造成实际的财产损失，背后的意思是事件的性质还不够恶劣，不属于诉讼范围。到本章截稿时，该集体诉讼还没有下文。

修理富国银行

富国银行的做法激起了很大民愤，美国政界有人为了支持民意，要求富国银行放弃那项"未雨绸缪"条款，改在法庭上公开应对起诉。美国国会还召开听证会，把富国银行的大老板约翰·斯坦普夫（John Stumpf）召唤过来问责。一位女议员气愤地指责了这位大老板："如果有人从你抽屉里偷钱，那是盗窃，要进监狱……但是这些年你的银行也竟然偷偷搞起诈骗挣钱……你应该把你这期间挣来的几亿美元还给储户！你应该辞职，并接受犯罪调查！"当时正在竞选总统的希拉里也站出来说话，意思是不能让大公司逃避责任。

听证会过后没几天，斯坦普夫突然退休了。斯坦普夫不光管理着富国银行，同时也是美联储经济顾问团的12人之一，一年去首都华盛顿4次，讨论国家经济和银行业的大事。富国银行也是美联储的股东之一。富国银行出事以后，美联储的高层一直没人站出来说话，没有指责也没有支持。

想要告富国银行的有很多人，最后真正做到的是美国的一个政府部门，叫消费者金融保护局（Consumer Financial Protection Bureau）。这个部门专门负责金融领域的利益侵害案件。该政府机构和中国工商行政管理总局下属的消费者权益保护局的性质查不多，只是职责范围更广。消费者金融保护局以民事诉讼的方式把富国银行告上了法庭，由于案件所有的脉络都很清晰，富国银行想赖也赖不掉。最后双方达成和解：富国银行交付1亿8000万美元的罚款。和解中还规定，富国银行在训练员工时，需要增加职业道德教育方面的课程。不管效果如何，有这样的课程总比没有强。最后，真正能解决本质问题的改变是：富国银行答应把销售业绩等衡量指标从员工评价系统里拿掉，雇员的薪金去留不再与开户的数目挂钩。

分析与点评

✿ 美国人的储蓄和信用卡

富国银行的客户经理为了多开账户不择手段，甚至欺瞒储户，这源于富国银行的员工激励制度。

在美国的公司体制下，公司存在的目的是为股东创造价值，如果是上市公司，就要把公司股票的长期价格搞上去。公司股东里面也包含了公司高层管理者，比如富国银行刚退休的CEO约翰·斯坦普夫，手里就有650万股的股份，两亿多美元市值。为了让自己的这一部分财富增加，公司高层会想尽办法让股票上涨。对于富国银行来讲，多开户、多办信用卡、多创造销售业绩就会让市场看好这家公司，股价自然就会上涨。从2011年开始开设违法账户一直到2016年被揭发，富国银行的股票从20多美元涨到50多美元，这里面除了经济复苏的原因，也有很大部分得益于增长的账户数目和信用卡数目。

在美国，账户数目和信用卡数目确实能影响银行的收益。首先美国人的储蓄率很低，只占GDP的5%，挣100存5块，这个比率只有中国的六分之一。所以银行要是增设账户数目就需要把储户的钱分散开来，这样一来储户在每个账户的存款会变少，如果低于银行规定的数额（例如支付账户3000美元，储蓄账户300美元）就需要付给银行存款管理费。

美国家庭不光存款很低，而且信用卡负债很高，平均每个美国家庭的信用卡负债额是16000美元，相当于10万人民币。只要给一个美国人开信用卡，欠债额度就会轻易上千，而且一般都还不上本金，只能交利息度日。美国的信用卡利息很高，一般都是10%~24%以上再加上每年的手续费。这样的暴利也鼓励了信用卡业的发展，不光是银行开办信用卡，连街头的小超市、汽车修理铺都争着办信用卡业务。

为了多开账户、多办信用卡，整个银行系统刮起了"浮夸风"，只要能让数字增加，哪怕是拼凑的假账户也可以。统计显示，富国银行的每个储户平均在银行里竟然有6个账号，而一般的日常生活根本不需要这么多银行账号。但该公司的高层还不满足，2015年要求把每个用户的账号数目提高到平均8个。不管是6个还是8个，这些不切实际的数字给了员工很大压力，肯定会出问题。为了完成任务，客户经理们往往精疲力尽，最终铤而走险，欺瞒客户。

还有一批富国银行的前客户经理，因为没有乱开账户影响了业绩，以致于被银行解雇。这些丢掉工作的客户经理也联合在一起，提起了集体诉讼，把富国银行告上法庭。

富国银行的开户制度是一个行业现象，其他大银行也都有这个问题。曾经有电视台采访摩根银行的客户经理，他们抱怨说如果开户达不到公司要求的配额，就很有可能被炒鱿鱼。

✿ 中国商业银行的管理制度

富国银行的这种制度问题没有在中国出现。根据笔者对两家国有银行客户经理的采访，他们所属的银行没有把开办的账户数目作为激励措施。员工办普通借记卡没有提成，即便是办月消费几十万的VIP卡，提成也不多。真正可以激励员工的是客户的数量和资金的数量。比如有的客户本来在别的银行，你把他挖过来，把他的资产转移过来；或者是已有的客户，你鼓励他增加存款，都可以拿到不错的提成。这些工作直接增加了银行的收益，也和员工付出的努力成正比。在考察员工时，审核的标准还包括经办员工的严谨、勤快、服务态度和综合能力等等。

关于妥善管理储户账户，中国也有一套自己的办法，一般不会出现富国银行那样每人6个到8个账户的荒唐现象。以前在中国国内，1张身份证在1家银行最多可以开4个账户、申请4张储蓄卡。2016年12月出台的新规定，将每个人的所有账户整合成三类账户，只能办1张储蓄卡。中国的银行监管制度也较好地防范了身份盗窃的事情。以建行为例，制度规定关于信用卡从员工到行长都要签一个"三亲见"协议：1. 必须亲见客户本人；2. 必须亲见客户本人签字；3. 必须亲见客户身份证原件。因此不管是银行内还是银行外的不法分子，都很难假借他人之名开假账户。

即便如此，为了防患于未然，中国的储户还是要增加一些防范意识。首先，不管在哪家银行开户，都要搞清楚自己在这家银行下有几个账户，有没有自己不知道的账户。你可以直接打电话询问，也可以去当地分行查询。为了确保没有账面损失，过去的账也应该检查一下，看看有没有扣钱，有没有莫名其妙的交易费或手续费。同样，如果你已经在某家银行办理了助学贷款、房贷或信用卡，也要查一查银行是否加收了一些合同之外的费用。

其次就是要检查自己的信用记录，看看有没有在自己名下的来路不明的信用卡。在中国的征信系统里，个人可以在人民银行查询和打印自己的征信记录。银行贷款部门也可以进入这个征信系统查询客户的信用记录。

万一你"被"办理了信用卡，只要卡在你手上，就不必立刻把卡注销。因为把信用卡关闭以后，你的信用分数会减少，影响你买车、买房的贷款。

最好的办法是保留此卡，但不欠费，这样你的信用额度会因为这张卡增加，时间长了还会提高你的信用分数，反而对你有利。当然这里并不是要鼓励疯狂申请信用卡。实际上政府并不鼓励个人办理过多的信用卡，为了防止过度负债，明确规定个人在单家银行的信用卡不能超过5张，在整个国内银行一共不能超过7张。

✿ 银行系统中的理财诈骗

在中国的银行体系中，更应该防范的是与理财产品相关的诈骗。一直以来，银行都在代售理财产品，近些年银行账户的理财功能更加突出了，现在银行还为所有人另立了第二类账户专供理财使用。

实际上银行销售的很多理财产品并不是银行自己的产品，而是来自外围的基金公司和集资组织，这其中就可能有诈骗团伙。例如2014年发生的邱爱玉案，此人及其团伙借用银行柜台办理虚假理财产品，诈骗投资人存款，并买通银行内鬼转移赃款，犯案金额高达4亿元人民币。2014年仅仅北京市发生的银行理财产品的欺诈案件，受害金额就高达540亿元，接近e租宝在全国造成的祸害。销售骗子产品的银行，不乏国字号的工商银行、农业银行，也有著名的民生银行、中信银行。

普通人在银行理财的骗局中往往非常脆弱。他们相信大银行，认为自己的投资有保障，毫无疑虑地把钱交出来。这些银行里面的骗子，其实也就是柜台上负责转账的职员，轻轻松松就能把这些钱转到场外的同伙手里。因此我们在银行办理理财产品也需要多加小心，比如开通转账短信提示业务、设置网银权限、定期查询等等。投资前要搞清产品的风险，因为即便是大银行也一样有可能会出问题。

虽然银行的理财"飞单"都是银行雇员的个人犯罪，但银行的管控体系肯定难辞其咎。有鉴于此，2017年8月中国银监会发布新规，要求银行业金融机构在销售理财产品时，在销售专区装配电子系统，并对每笔产品销售过程同步录音录像。这项规定未必会是一个完全有效的办法，但至少会让银行的内鬼有所忌惮。

在美国的银行系统里，银行的理财飞单非常少见。如果发生这类诈骗，银行就要负担全责，全额赔款。这个政策也同样适用于信用卡盗刷，以及其他类似的恶性事件。在这种约束下，银行就要想尽办法杜绝欺诈事件，从而加强员工监督并购买责任保险，更重要的，审核理财产品的真伪。这也是银行业运作成熟的表现。

目前在中国，银行对于理财欺诈的态度往往是推脱责任，不负责赔偿，只是把涉案的员工开除了事，甚至向罪犯控告索赔都很少去做。当受害人上门申诉时，银行又把包袱推给法院，让法院来裁决是否应当赔偿受害人，最后大都不了了之。更关键的是，政府规定银行理财风险由买者承担，形成了银行不作为的保护伞。

火山岛上的
斯坦福银行

关键词

海外投资

空壳公司

离岸银行

短期存款

庞式骗局

火山岛岛主

神秘的百慕大三角区位于大洋深处。这里有一个火山岛叫安提瓜（Antigua）。岛上只有三万多居民，经济非常落后。

二十几年前的某一天，岛上有两个人秘密地举行了一个歃血为盟的仪式：他们用刀把手指划破，把彼此的血溶在一起，结为生死弟兄。他们用蘸着血的手指，在一个协定上按下手印，发誓永不背弃这投名状。这两个人一个是安提瓜岛负责银行监管的政府官员，另一个是美国开银行的亿万富翁。按照协定，美国富翁给官员一大笔贿赂，作为交换，当地政府准许他在岛上开设银行，并且对银行任何违法违规的事情绝不过问。一个惊天骗局就这样开始了。

这个美国人名叫罗伯特·艾伦·斯坦福（Robert Allen Stanford），1950年出生。罗伯特在岛上有一家以自己姓氏命名的斯坦福国际银行，资产达到30多亿美元。对这个弹丸之地的小岛来说，这家银行无疑是庞大到有些恐怖的金融怪兽。

凭借雄厚的财力和当地政府的放任，罗伯特理所当然成为了安提瓜岛的"岛主"。那时你登上这个小岛，会看到马路上到处都是罗伯特的照片及其银行的广告标语。当地报纸也是该银行办的，目的是为岛主歌功颂德。此外，安提瓜的航空公司也属于该银行，飞机上都印着银行的名字。当地政府从这家银行借债8000多万美元，为此岛上的国王还敕封罗伯特为爵士。

罗伯特是一个很能挥霍的人，光私人飞机和直升机就花了一亿多美元。他在岛上有一艘大型豪华游艇，他花了1000多万美元，竟然只为了把艇身略微加长。罗伯特在美国各处都有豪宅，他在佛罗里达有一栋一千多平米如同城堡的房产，有五十几间屋子，以及一个瞭望塔。在这里住了一年后，罗伯特觉得腻了，也不出售，直接让施工队把房子给拆了。

罗伯特是个板球迷，也是全世界板球运动最大的赞助商。他在小岛上修建了一个巨型体育馆，用来举办板球世界杯。在英国的一次板球比赛上，他坐着直升机降落到赛场中央，从里面搬出了一大玻璃箱钞票，里面一共有2000万美元，要用卸货机才能移动。这些作法无非是在告诉世人，他有多成功。

罗伯特姓斯坦福，和美国顶尖大学斯坦福大学的名字一样。斯坦福大学由一对姓斯坦福的夫妻创建，跟罗伯特没有一点关系。罗伯特想和斯坦福大学攀亲戚，结果被学校严词拒绝。他想给学校捐款，也被拒收。他在一些场合谎称跟斯坦福大学的创始人有血缘关系，甚至还找来基因专家鉴定，结果被学校告上法庭。

作为当时全世界最富有的人之一，罗伯特的钱100%都是骗来的。他从银行开业的第一天起就开始造假演戏。回顾罗伯特的发家史，就像是在看一部好莱坞电影。

蒙人的银行岛

罗伯特来自民风骠悍的德克萨斯州，身高近两米，体重三百多斤，看着很威猛。跟他接触过的人都说他这人很暴虐不好相处，但能办成事情。20世纪80年代，罗伯特在德州开过健身房，后来破产了。为了逃债，他远走他乡到了加勒比海上一个名叫蒙塞拉特（Montserrat）的火山岛上谋生。这个被哥伦布发现的岛，现在是英属领地，因为火山活动频繁，岛上有一半的地方禁止随便进入。

罗伯特到这个岛上，一开始的职业是潜水员教练。如果能凭借自己的一技之长，在这个风景不错的地方生活是件很美好的事情。但不安分的罗伯特总想借机发财。他逐渐发现了这个岛上很有趣的事情，机会来了。

蒙塞拉特岛真就是一个蒙人的岛。岛上人口五千不到，但银行有三百多家。叫它"蒙人岛"，是因为这里的银行几乎全是诈骗工具，你只要花几千美元就可以买个银行执照，几乎所有银行都是只存在于纸面上的皮包公司，甚至有些银行的注册地点是酒吧。该岛政府对这些银行基本上没有监管，因此很多由于信用太差在自己国家没法开设银行的人，都会跑来这里。当地政府不仅给银行提供比较完备的基础设施，如现代化的电话、传真及邮递服务，而且还为银行提供很好的保密服务。这里理所当然就成了银行诈骗犯的天堂。

这里的银行诈骗有几种：最常见的就是骗存款。让人把钱存在银行里，然后卷钱逃走；还有一种常见的是骗贷款。骗子银行向美国本土的正规银行申请贷款，用造假的活期存款证当抵押，等把贷款拿到手，就卷钱跑了；也有的银行骗贷款手续费，就是诱骗别人向这个银行申请贷款，让受害人交付手续费，结果手续费被卷走，贷款却无影无踪。

和别的骗子一样，罗伯特也从容地在岛上开起了银行。罗伯特的骗人套路是简单的骗存款。他对外吹嘘银行有600万美元的资产，其实他除了几个潜水员氧气罐什么都没有。罗伯特还编造了一个辉煌的家族史，说他爷爷是美国当地的银行家，经营历史可以追溯到19世纪30年代。除此之外，最重要的还是到处挖掘客户。罗伯特知道骗美国人英国人不太可能，因为这些人都明白这个岛上的银行是怎么回事。罗伯特便把目标锁定在拉丁美洲。这些国家政局不稳，很多大户担心自己的存款可能朝不保夕，都渴望把钱存到海外。

罗伯特在拉美国家打了很多广告，雇了许多漂亮女人做宣传。他的广告卖点主要是很高的存款利率。如果有人问为什么能实现这么高的利率，他就解释说是因为当地税收很低，不需要缴太多税，听起来就比较可信。很多拉美大户轻易地上当，把钱存到了罗伯特的斯坦福银行。两三年间，罗伯特的银行就吸纳了一亿美元的存款。

在正规的银行运作里，银行吸入存款以后，要把钱进行放贷或用在别的投资上面，有了投资回报才能贴现储户的利息。可罗伯特的银行根本就没有投资，罗伯特从吸入存款的第一天起，就没打算把钱再吐出去。他把这些钱当成了自家财产，任意挥霍。有些储户的存款到期后，罗伯特就劝他们接着存，必要的时候用更高的利息引诱。要是储户实在要把钱提走，罗伯特就挪用别的储户的钱给他，同时他也招揽新储户，骗更多的存款来偿还以前储户的债。这完全就是庞氏骗局的运作模式。

罗伯特银行里的客户里不光有企业家和有钱人，也有国际上通缉的毒犯。其中一个储户是哥伦比亚的大毒枭，在英国也有案底，还被英国的谍报部门苏格兰场盯上了。苏格兰场发现这个毒枭的钱也存在了罗伯特的银行里，只不过罗伯特不敢骗这个毒枭的存款，更多的是在帮他洗钱。蒙塞拉特岛是英国的地盘，英国人的调查延伸到了罗伯特这里，当地政府迫于压力，吊销了罗伯特的银行执照。

虽然罗伯特没能在蒙人岛站稳，但他积累了相当多的经验。"创业"失败之后，他一刻也没耽搁，马上就在相隔3公里的安提瓜岛另起炉灶，接着大干一场。吸取了上一次被查的教训，罗伯特躲开了拉美那些有问题的大户，把诈骗目标直接锁定在了美国本土，重点是他的老家德州。

登陆美国

罗伯特在美国骗人的套路是这样的：先在大城市休斯敦设立一个办公楼，里面装修得超豪华，名贵木材的家具再镶上金子。除了制造夸张的外表，他还撒谎说银行是祖传的老字号，增加人们信任。

有了银行壳子，罗伯特再去骗人来他这里存钱。大家去银行存钱无非就是赚些利息。罗伯特给出的短期利率要比美国的一般银行高1.5%，他还是那一套说辞：自己的银行建立在离岸地区，税收比美国本土要低一些，所以可以少交税，多攒下一些利润，所以就能给储户多付一些利息。除了短期存款，罗伯特还卖理财产品。他骗投资人说这些理财产品主要是低风险的债券和基金，还说他的理财产品都有保险，如果亏钱，投资人会获得保险赔偿金。这当然也是假的。

为了招揽储户和投资人，罗伯特招纳了很多投资顾问到他的帐下，许之以高薪，让他们充当传销中介。这些投资顾问每个人手上都有一些客户名单，是他们以前工作攒下的人脉。这些客户对投资顾问也都比较信任，很容易就被拉进了罗伯特的诈骗朋友圈。当时这些投资顾问并不知道罗伯特的银行有问题，也是被忽悠入伙的。为了把戏唱到位，罗伯特还雇用了一些无良律师，证明公司里的一切操作都是合法的。这样他的投资顾问就可以放心替他招揽客户了。

罗伯特的骗局迅速扩张，在美国各地建立了30多家办公室。到2004年，斯坦福国际银行的资产已经从3.5亿美元的规模涨到了30几亿美元；到2009年，这家银行的存款达到了70多亿美元。这些存款绝大部分都没有回到储户那里，有些直接被罗伯特挥霍，有些转到了瑞士银行。为了掩盖罪行，罗伯特在账面上造假，捏造假投资、假回报的数据。罗伯特很擅长伪造文件，他的投资收据、保险保单、监管机构的审核文件，都是他伪造出来愚弄投资者的。

为了保护自己的秘密，罗伯特花了很大力气搞反侦查。他雇来的保安总管是原联邦调查局在迈阿密的负责人，罗伯特同时还把银行的保密工作外包给了美国顶级的安保公司Kroll。每一年，罗伯特都要花几百万美元弄清楚有没有人正在调查他，如果有就一定要先搞垮对方。曾经有记者写文章揭露罗伯特的银行是骗局，结果罗伯特马上就告他诽谤。

担惊受怕的变节者

罗伯特雇用的投资顾问，并非都是坏人，很多也是受了罗伯特的欺骗。有两个顾问发现了银行造假的问题，于是决定离开罗伯特，带着自己的客户另起炉灶。这惹恼了控制欲极强的罗伯特。

凭借无中生有的罪名，罗伯特上法院控告这两个"变节者"，目的是要摧毁其职业生涯。除了泄私愤，这样做也是告诉自己身边的人：上贼船容易，下贼船难！这两个人被搞得焦头烂额，走投无路，只好跟罗伯特拼个鱼死网破。

这两个人在还没离开的时候，趁罗伯特不注意，把一些造假的报表、单据复制了出来。重压之下，他们决定把这些证据递交给美国证监会。为了防止被跟踪，两人投案的时候各自开一辆车分头行动。

美国政府的监管

有人可能会觉得奇怪，最后对斯坦福银行展开调查的是美国证券监管委员会（简称证监会），而不是负责银行监管的货币监控办公室（Office of the Comptroller of the Currency，相当于中国的银监会，以下简称银监会）。证监会调查罗伯特，是因为他的假投资涉及到证券业务。问题在于，证券欺诈只是罗伯特的副业，他真正的主业是骗存款，这其实是银监会的职责范围。

银监会的监管不严令罗伯特的骗局不断做大。不过罗伯特也采取了几个关键步骤让他躲开美国的银行监管。原来，斯坦福银行在美国骗到钱以后，并没有把赃款转到离岸的银行总部，而是以再投资的名义把钱转入了美国境内其他受罗伯特操控的本土银行、投资公司里。从表面上看，这符合银行吸储投资的正规做法，而且资金全部都在美国国内，没有大规模外逃的迹象，因此银监会也没有多加提防。

罗伯特的斯坦福银行从未加入联邦储蓄保险公司（Federal Deposit Insurance Corporations）系统。这个保险系统是美国政府为了保护储户设立的，如果银行倒闭，储户可以得到最高25万美元的赔偿。美国一般的大银行，包括中国银行和中国农业银行在美国的分行，都在这个系统里。按照该系统规定，所有银行都要定期向银监会提交自己的财务信息，包括资产状况、储蓄情况、运营情况等等。对罗伯特来讲，只要加入这个系统，骗局就会暴露，所以肯定要避开。

令人感到遗憾的是，在案件调查过程中，美国证监会和银监会之间没有配合。其实这两个机构只要能相互通通气，交换一下信息，很快就能拆穿罗伯特的骗局。

证监会一开始的调查非常费劲，因为罗伯特确实把自己掩护得很好。证监会只能分析罗伯特公布的一些投资信息，找出其中的技术缺陷，然后发报告提醒人们小心上当，但这并没有妨碍罗伯特银行的迅速扩张。罗伯特还使了一招障眼法：写张支票把骗来的钱寄到离岸的总行，并告诉证监会说资金已经转移，别惦记了。其实这些支票又被偷偷寄回美国的傀儡公司。证监会信以为真，以为钱都在离岸岛上，继续调查会受到司法权限的限制，就把这条线索搁置了。若不是有人举报，证监会难有突破。

骗子的垂死挣扎

罗伯特手下的叛变，让证监会终于得到可以调查罗伯特的证据。罗伯特的第一反应是销毁证据，把公司的所有文件都塞进碎纸机。但证监会已经掌握了足够的证据。没过多久，罗伯特的斯坦福银行在美国的所有分行和办公室都被查封，资产充公。远在安提瓜岛上的银行总部，查处还是有点困难，2009年美国国务院动用了大使级的外交关系，才把斯坦福银行彻底铲除。

罗伯特想逃回安提瓜岛，但证监会已经冻结了他的银行账户，身上没有现金的罗伯特，居然没办法支付机票的费用。很快，罗伯特在美国本土被捕。

罗伯特是一个天生的表演狂，从一开始吸纳投资人，到最后公司出问题，他一直都镇定自若地唱着空城计。他接受电视台采访，振振有词地说自己的银行是"真实的资产，真实的人，真实的投资"，执法部门胡作为；在法庭受审的时候，为了伪装胃出血混个法外就医，他咬破了自己的舌头；此后他还假装自己有精神疾病，这些把戏被一一识破后，罗伯特被判有期徒刑110年。鉴于美国的金融犯罪没有死刑，这已经是最重的惩罚了。

到最后，斯坦福国际银行一共骗到了80亿美元，受害者超过2万人，金额仅次于梅道夫对冲基金案，高居全美第二。大部分受害者都是不富裕的普通人，被骗对他们的生活和精神造成了永远的伤痛。

分析与点评

银行存款一直以来被认为是最保险的投资，但也难逃骗局的陷阱。斯坦福国际银行案，按照涉案金额来讲，可以排得上世界金融诈骗奇案前三名，其他两个是梅道夫对冲基金案以及中国的e租宝案。斯坦福银行之所以犯案凶狠，和它的离岸背景分不开。离岸银行的身份给它笼罩了一层迷雾，让人无法看清里面的圈套。再加上它贿赂了离岸岛的政府，逃避了能约束它的法律法规，骗局一发不可收拾。

✿ 离岸公司大揭秘

全世界有一半的国际贸易是通过离岸公司进行的，全世界有三分之一的现金财富都躲藏在离岸地区。可见设置离岸机构有多么流行。很多公司都在用离岸公司进行避税。美国的世界500强企业中有70%都在离岸设立了子公司，并且把海外收入存放在这些离岸公司里面。比如苹果公司就有超过

1000多亿的巨额资金放在离岸地区，因为那里的税率比美国本土低得多。美国政府因此少收了2万亿美元的税收，相当于世界最大五家银行市值的总和。这样的避税行为虽然不是诈骗，但却伤害了国家的财政，而且对那些没法去离岸避税的小公司非常不公平：本来就没有大企业的垄断势力，还要多交税。这样小公司就更没法发展。

离岸银行是20世纪50年代的产物。当时罗斯福新政对银行的监管很严，征税很高，美国国内的很多大银行就把总部迁到了国外。一开始在伦敦，后来散落到英属各个离岸群岛。

在这些地方税率很低，监管很松，而且又脱离美国本土的管辖，外界无法查看银行的暗箱操作，甚至外界的任何探查行动，在当地都会被看作是侵害隐私，都是不允许的和违法的。

因为信息隐秘加上脱离监管，离岸公司往往成为经济犯罪工具。世界各地很多逃税、洗钱、诈骗、非法转移资金都通过离岸公司进行。比如e租宝的母公司钰诚国际集团，就是注册在英属维京群岛的离岸公司。这些离岸公司其实里外都是中国人经营，只是公司总部是个海外壳公司。

不管是离岸公司可以在中国建立子公司，还是中国公司在离岸建立子公司，目的都是要实现资金转移，人民币从中国的公司转到离岸成了美元，或是美元从离岸进入中国变成了人民币，资金的流动当中，暗箱操作的骗局随之而生。

离岸公司这几年在中国发展的势头很猛。有人出于需要，或仅仅想尝试，就参与了进来。在离岸地点注册公司的成本非常低廉，比如在英属维京群岛，一家公司的注册费只有900~1300美元，而且注册的法律程序也简单至极。

国内出现了很多专门办离岸业务的小公司，帮助企业和个人建立离岸公司。他们做的事情也很简单，先到离岸岛上递交申请材料，再在当地寻找一个代理经营者，这个代理可能同时给几百几千家离岸公司充当代理，他只需要做的就是签一份法律文件，授权在中国的人全部接管这家离岸公司的经营，代理对公司所有一切包括非法行为，概不负责。这样在中国的人就把持住了这家离岸公司。注册离岸公司以后，再回到国内的工商局办一下手续，这个公司就作为外资公司登陆中国了。

✿ 防范离岸公司的欺诈

回过头来再看斯坦福国际银行，在它欺诈的人群当中，很多人都是知道它是家离岸公司，可还都心甘情愿去它那里存钱。这是因为这些人都相信这家银行真的可以通过离岸避税，省下钱给客户更多的利息回报。

离岸避税的故事确实很容易唬人，因为很多国际大公司如苹果、耐克、花旗银行都是这样运作的。这些公司有一个特点，就是全世界范围经营，比如花旗银行就在一百多个国家都有分行。

离岸避税的操作就是想办法把挣得的收益放在税率低的离岸国家，再把花费的成本放在税率高的本土国家。比如苹果公司在中国卖iPhone挣的钱就是放在卢森堡、爱尔兰、维京群岛等地方，不流向美国本土；而它的研发和海外投资的大笔开销却在美国本土报账。这样挣钱不用交高税收，花钱还可以大幅抵税。

斯坦福国际银行的绝大部分经营只在美国：银行所谓的投资都在美国；银行支付利息的花费也是在美国。即便它有一个离岸的壳子，但它无论如何也无法实现避税，因为只要在美国本土挣钱，不管是哪国的公司，都要和美国公司一样交同等的税。所以说在单一国家经营的公司是无法实现离岸避税的。

中国的公司也一样，收入在中国，花销也在中国，即便建立离岸公司也没法避税。一切靠离岸避税当幌子来招揽客户都是陷阱。虽然有的中国公司有海外经营（不是进出口贸易），但从英、美、日本这样的国家获得的收益同样要交很高的税，从其他小国家挣得的钱，即便能节省税款也微不足道，所以海外避税还是不可能实现的。

防范离岸公司欺诈还有很重要的一点，就是看这家公司是不是一家成熟的集体股份制公司。像微软、苹果、阿里巴巴这样的企业，全体股东会对企业的所有决策及时监督，这样的企业一般不会乱来，一两个人想靠离岸公司搞欺诈是实现不了的。而斯坦福国际银行的所有者完全是一个人，他以银行名义干的一切事情都没有任何阻力，违法欺诈也就自然不在话下。国内很多规模不大的小公司，也和斯坦福银行一样，一人或几人所有，建立离岸机构，欺诈的风险非常大。

在国内与私有金融机构打交道，一定要看清它是否有离岸背景。这个信息可以通过去工商局查询获得。公司有了离岸背景，就说明它骗钱跑路非常容易，且不容易查获，而且它一切避税节省的理由都是假的。如果当初大家都去查询一下e租宝的离岸背景，受骗上当的人就会少很多。

中国的公司为了海外上市，都需要在离岸建立公司。比如阿里巴巴刚成立的时候，就在开曼群岛同步建立了它的母公司，日后上市美国，也都是销售母公司的股票。中国公司这样去做，是由国家攻策决定的，具体细节会在下面章节提到。

这样一个国情，又会给小公司的离岸背景提供了合理的解释。一家骗人公司完全可以说是为了日后海外上市，才成立的离岸公司。这个时候，我们就需要看这家公司的股东构成，是阿里巴巴那样的集体股东所有制，还是斯坦福银行那样的单个股东所有。如果是后者，那就可以判定欺诈的动机必然存在。对于准备建立离岸公司的企业所有者，也不要随意尝试，以免沾上欺诈的嫌疑。

为了防止离用利岸机构进行逃税以及其他经济诈骗，中国政府和拥有最多离岸公司的英属维尔京群岛签署了税收情报交换协议，这样更容易发现离案公司的非法操作，并能及时采取行动。

华尔街大佬的
对冲基金

关键词

庞氏骗局对冲基金市场

在金融机构诈骗这个板块里，我先说说人类史上最大的庞氏骗局：美国梅道夫案。

涉案的梅道夫对冲基金，曾是美国资产最多的对冲基金公司。这个公司完全由波南德·梅道夫（Bernard Madoff）来操控。老骗子梅道夫是犹太人，1938年生于纽约，论年龄也算是爷爷辈的人了。梅道夫的骗术高深，他骗完了纽约的钱，再去骗美国其他地方，然后骗南美、欧州，像癌症一样扩散，差一点儿就玩儿转了整个世界。被他坑害的除了对冲基金和国际银行，还有俄罗斯黑帮和哥伦比亚毒枭。这是人类史上金额最高、波及最广的骗局，没有之一。

梅道夫诈骗的金额达到了650亿美元，超过保加利亚当时的年度国民收入。相比梅道夫这个骗子界的活阎王，本书中其他的大小骗子只能算是小鬼。这么说不光是因为他骗人多、骗钱多，更是因为他以金融业掌门的身份，去骗行业里的徒子徒孙。如果上了他的贼船，那就真像儿子被亲生老爸卖掉那么无助。圣经里有一句话，"这个世界是属魔鬼的"，用来形容梅道夫掌控的金融业十分恰当。而且他诈骗的巨额资金当中，高达80%的赃款都追缴不回来，钱去了哪里至今还是一个谜。梅阎王真正做到了吃人不吐骨头。

想要防范梅道夫？真的很不容易。

梅道夫案结果

先说说梅道夫的骗局是怎么垮掉的。梅道夫有一家骗子公司，挂的幌子是证券投资。当时梅道夫的口号喊得很响，号称稳赚不赔，好多人被忽悠后就把钱投给了他。2008年至2009年金融危机发生时，全球股市暴跌，美国股市大盘跌了一半，证券投资公司几乎都亏得一塌糊涂。梅道夫的投资人不傻，不管梅道夫再怎么会钱生钱，这个时候都不如把钱拿回家放在枕头下面踏实。投资者的集体撤资是庞氏骗局的死穴，梅道夫也逃不过这一劫。面对上门提款的投资者，梅道夫手上真心没钱，他骗来的钱既没有投股票、也没有存银行，而是悉数转走消失了。假如那个时候梅道夫手里还有些资金，先兑现一部分稳住投资者的信心，也许还能挺一挺。梅道夫原本还计划到中国骗钱，如果实现了，结果真不好说。

梅道夫有几种选择：1. 申请破产；2. 携款出逃；3. 自首。申请破产和自首差不多，都会受到法律的惩处。就算申请破产，其罪行也会在清算资产时揭露出来。第二条路看着挺刺激，但其实完全是找死。因为被骗的人里也有黑帮毒贩，不管梅道夫躲到天涯海角都能被找到。况且梅道夫也七十多了，亡命天涯实在力不从心。

看来只有自首这条路可以走。梅道夫很精明，他让两个儿子到警方（联邦调查局FBI）那里举报他。这两个儿子本来是行骗集团的头目，摇身一变反而变成英雄，逃脱了法律制裁。2016年还查出他们在以色列存有当年行骗的赃款，只不过一个儿子2014年的时候得癌症死了，还有一个儿子自杀了，有钱也花不了。

　　华裔法官陈卓光（Denny Chin）判了梅道夫150年，其实就是无期徒刑，这是他在权限里能对梅道夫进行的最大限度的惩罚。只是无期徒刑对梅道夫这样年龄的人真算不上什么大劫。

　　虽然梅道夫被判了150年，但梅道夫集团的十几个从犯受到的处罚并不严厉，他们在被捕后都悉数认罪，当起了污点证人，四个人（包括梅道夫公司的审计兼梅道夫私人会计）连监狱都没进，五个人判了2年至10年，还有两个人的判决到现在还一直拖着。

美国政府监管不力

　　梅道夫的骗局能做得这么大，作为监管部门的美国证监会（Securities and Exchange Commission）责任很大。梅道夫案可以说是美国证监会自1934年成立以来最大的污点。

　　如果说证监会是库房保安，梅道夫就是盗窃库房的贼，但要是保安和贼你我不分，就会坏了大事。梅道夫发迹以来一直跟证监会的关系很铁，证监会的一个高级官员还跟梅道夫的侄女结了婚。当年梅道夫如日中天，担任纳斯达克股票交易所的一把手，管理着小半个美国的股票交易，地位可谓举足轻重；他也是很多重要金融证券的做市商，说白了，缺了梅道夫这些证券的买卖就做不了。为了巴结梅道夫，证监会聘请他当投资业顾问，还经常请他到证监会装模作样地指导。

就在梅道夫出事的前两年，证监会还对他的公司做过一次审查，结果说没有问题。这个报告的危害很大，让好多人继续相信梅道夫和他的骗子公司。其实当时好多人都发现梅道夫有问题，比如华尔街的大银行如高盛、花旗、摩根就没有一家把钱投给梅道夫，但也无人举报。只有一个规模不大的对冲基金经理，也是梅道夫的竞争对手，察觉到梅道夫的猫腻儿，接二连三地向证监会举报，但证监会也只是置若罔闻。

后来在梅案开庭时，证监会在证词中诚恳地检讨自己的过失："面对着很多可信详实的举报，证监会从没有适当地检验及调查梅道夫的交易，也从没有采取必要乃至基本的措施去探察梅道夫是否在操作庞氏骗局。如果证监会在1992年6月到2008年12月期间的任何时间点进行了这些工作，那么证监会将会在梅道夫自首前发现他的庞氏骗局。"

我不认为证监会里面有梅道夫的内鬼，因为梅道夫受审的时候没有证监会的人被起诉或问责。我更相信证监会没查出梅道夫的问题，是因为他们缺乏金融方面的专业素养。证监会是个民事监管机构，要打很多官司，很多证监会的官员都是律师出身。调查梅道夫的骗局需要一定的金融知识，普通律师干不了，但招收金融方面的专才是一件比较费钱的事。如果证监会开不出合理的工资，他们就会以很高的薪金受雇于华尔街上的大银行或大基金。可惜证监会在财政方面很受限制：美国国会给证监会的拨款，还没有一个J.P.摩根公司给自己信息技术部门的拨款多。所以一些案件因为力量不足而被忽略是可以理解的。当年和作者一起毕业的金融博士确实有去证监会的，但去的都是证券市场研究部门，并不在执法部门工作，没机会去调查类似梅道夫这样的金融案件。

梅道夫的骗术

虽然梅道夫还没祸及中国，但他的骗术很容易出现在我们周围。下面我把梅道夫的手法分门别类提炼出来，具体说说他是如何行骗的，这样当骗子出现时，我们才能看清他们的套路。

✿ 骗术一：融入人群法则

梅道夫生长于社会的中层，受过一般的教育，却长得很英俊。22岁的时候，他娶了一个家里很有钱的姑娘，然后向老丈人借钱开了一家证券交易公司，还骗人说开公司的钱是自己打工挣来的。梅道夫从小到大，没什么劣迹，至少没被人发现过，加上以前一直是当地的海滩救生员，不像一般的骗子躲在公众视野之外，所以还是有人信任他。梅道夫公司开张后第一批受害的客户，是他和他老婆圈子里的同学、朋友、教友，其实这批人算是幸运，因为他们的投资是能拿回来的，只不过那都是第二批受害者的钱。

梅道夫打入的第二个圈子，是一群真正意义上的有钱人。骗来第一座金山以后，梅道夫就在纽约市中心和佛罗里达的西棕榈滩买了豪宅。这两个地方集中了美国最富有的人。搬进了豪宅，梅道夫便开始在日常生活中假装好人，骗取周围邻居的信任。梅道夫平时很有礼貌，还很会关心人，有求必应，即便是身价上亿的富豪也很吃这一套。比如一位邻居兼大客户的小姨子去世了，梅道夫就一本正经地出现在她的葬礼上。这位被感动的邻居，为梅道夫推荐了很多其他客户。久而久之，梅道夫不断地扩展自己的朋友圈，结交越来越多的富豪。当然，装好人只是行骗的基本手段，为了诈取更多的钱，梅道夫还要使出其他招式。

✿ 骗术二：光环法则

美国人有句话，"成功的关键就是维持成功的形象"，梅道夫深知这一点，从开始就给自己制造各式各样的光环，塑造成功人士的形象。梅道夫刚起步时，就借助岳父的光环点亮他自己。梅道夫的岳父也从事金融会计工作，人很诚实，人脉也不错。岳父退休以后，很多人自然就把业务移到梅道夫那里。为了壮大门面，梅道夫还把福特汉姆大学法学院毕业的亲哥哥招揽过来，这个学校的口碑很好，至少比梅道夫念的霍夫斯特拉大学要强很多。

等打进了富豪圈子，梅道夫获取光环的手段又不一样了。他开始不遗余力地提高自己的知名度，出现在纽约的各个慈善募集晚会里，出手豪气，仿佛一个很无私的人。只要捐赠的钱多一些，就能坐上很多高大上俱乐部的交椅，比如他曾经担任著名的佛罗里达游艇俱乐部的第三号人物。大家仰慕梅道夫的大名，也就自然会跟他合作。但富豪们的钱再多，在梅道夫看来还是有点少，他开始惦记金融行业里的大金主——对冲基金和投资银行。

跟机构投资人打交道和跟个体投资人打交道不一样，他们更专业，也更不会受感情因素影响。这样梅道夫骗邻居、富豪的小把戏就不再管用，于是他开始施展光环吸金大法。早在刚创业的时候，他就呼吁改变证券交易方式，以电脑和网络代替电话和手写。世界上第一个电子股票交易所纳斯达克，就是由梅道夫等人建立起来的。中国的上海证券交易所和深圳证券交易所，也参照了纳斯达克电子交易的套路。这么说来，梅道夫还是给金融业发展做出过贡献的。

不过，梅道夫这么做是为了给行骗创造资本。凭借这些贡献，梅道夫成为了交易所主席、美国证监会顾问，以金融掌门的身份出现在机构投资者面前。梅道夫的主要目标是对冲基金，因为这是全世界油水最多的行业。那时候，无论梅道夫对哪个对冲基金发出邀请，该基金的经理都会乖乖投钱，其中不少也都是心甘情愿的。毕竟梅道夫位于整个行业系统的中心，能够把握方向。有的基金为了招揽客户，甚至还把能跟梅道夫合作当成了主打广告。到了这个时候，梅道夫可以毫不费力地吸引世界各地的资金，不再是他去找钱，而是大家争着抢着把钱塞给他。

✿ 骗术三：欲擒故纵法

梅道夫的专业能力很差，他编写的假报表、假账目漏洞百出，只要稍加推敲，就能发现问题。有的投资人发现后，唯唯诺诺地去找梅道夫，想让他解释。梅道夫马上使出欲擒故纵大法，对质疑他的投资人说："既然你对我这么没有信心，我也不想要你的投资了。你的钱如数退还，以后别再来找我！"梅道夫不容置疑的气势，镇住了很多聪明的投资人。他们怀疑是不是自己错怪了梅道夫，于是选择继续投资，有的人甚至比以前更加坚定地支持梅道夫。凭借强大的心理素质、欲擒故纵的手法，梅道夫把投资人牢牢地拴在了自己的圈套里。

只要骗来的钱能够应付局面，庞氏骗局并不害怕个别投资人离开，所以这样做也没有什么风险。梅道夫很清楚，庞氏骗局最害怕的是投资者失去信心。为了让投资者有信心，骗子首先自己要有强大的自信：如果自己都不相信能成功，怎么能让别人去相信呢？而且排除掉怀疑的人，留在投资团队里的就都是铁杆粉丝，这样反而更容易挖掘下一批投资人，骗到更多的钱。

梅道夫还有一个类似的策略，就是他从来不用高回报去吸引投资者。在这个竞争激烈的行业里，很多投资公司为了吸引客户，声称每年能挣20%、50%或更高，当年中国影星黄奕的前夫在美国就做到了60%。相比之下，梅道夫只保证每年固定10%左右的回报，一副稳扎稳打与世无争的样子，留给投资人一个很靠谱的印象。梅道夫旱涝保收的10%虽然不高，但是比较可信。在以规避风险为王的金融行业，梅道夫的"零风险"捉住了很多人的心。

✿ 骗术四：与世隔绝法

梅道夫在纽约市一栋名叫口红大楼的地方操作自己的骗局。这栋大楼设计新颖，像是一只拧开待用的口红。梅道夫的公司位于大楼的17至19层。19层和其他基金公司一样，有很多交易员在电脑前盯盘，忙碌地进行交易，还有很多分析人员负责上市公司的报表，关注各类能够影响投资价值的新闻。现代化的金融交易很多要通过电脑程序进行，需要有人不停地修补交易系统，18层就是这些程序员的办公地点。如果只看到这两层，你可能会认为梅道夫的公司相当专业。但就连这两层的员工自己都知道，凭他们的努力，根本达不到梅道夫吹嘘的骄人业绩。

不可告人的秘密藏在第17层，那是一个与世隔绝的地方，也是梅道夫愚弄世人的场所。这一层外人进不来，楼上两层的员工也进不来，即便有人进来，也只能看到一台老旧的电脑服务器、一些打印机、堆积如山的文件，以及二十几个文员。这个简易笨拙、让人难以捉摸的地方就是梅道夫骗局的神经中枢。梅道夫制作假发票、假报告，伪造交易记录，靠的就是这台20世纪80年代制造的IBM电脑服务器。有人曾建议梅道夫换一台新设备，可他坚决不干，因为更换设备还要重新经过一轮政府检察，重新学习和培训操作人员，势必会败露他作假的手法。除了电脑，梅道夫的资料管理也采取了与世隔绝的手段。大部分的信息都是打印出来的，哪怕是电子邮件，也都打印出来，然后删除电子版，彻底保障了信息的不流通。

梅道夫在这里指派了一个头目名叫弗兰克·迪帕斯凯利（Frank DiPascali）。他是土生土长的纽约人，口音很重，高中学历，举止像一个出租车司机。他跟着梅道夫干了30多年，深得信任，最后当了公司的财务总监，是梅道夫犯罪团伙的核心成员之一。其他20几个员工也都是高中一毕业就开始跟着梅道夫混。他们没有金融常识，不知道自己处理的文件是真是假，是对是错，更不知道如何跟外界介绍自己的工作，真正做到了与世隔绝。就是这样一些幽灵般存在的人掌管着几百亿美元骗局的操作系统，让美国各大调查机构都找不出任何线索。

✿ 骗术五：资金藏匿终极大法

据统计，梅道夫诈骗的资金在500亿~700亿美元之间，联邦调查局公布的数字是650亿。可气的是，直到梅道夫入狱，在查抄资产时被追回的资金却少之又少，只有110亿美元，剩下的500多亿都让他转走了。然而梅道夫通过什么方式，将钱转到哪里，就连美国最杰出的白领犯罪调查人员也都摸不着头脑。这激起了很大民愤，有些美国人开始上街游行，发泄对梅道夫和美国政府的愤怒与不满。

为了让自己的秘密沉入海底，梅道夫在被捕前就已经删除了所有的账目资料，销毁了所有相关的纸张材料和交易凭证，然后摆出一副把牢底坐穿的架势，什么都不说。由于梅道夫一直以来对信息进行了严密的封锁，外界根本找不到能够证明他诈骗的蛛丝马迹。前面提到的那个弗兰克，原本许诺作污点证人，向法庭交代那500亿美元的来龙去脉，可惜他在2015年因肺癌去世。

在美国，执法部门（警察或FBI）调查犯罪一般会先从犯罪集团底层的喽啰抓起，取得证据后，一级一级最终揪出幕后的大老板。但梅道夫案非常特殊，作为罪魁祸首的梅道夫直接跳出来自首，打乱了警方的套路。由于梅道夫把所有事情都扛了下来，调查人员觉得大功告成，就没有抓捕17层那20几个人搜集证据。结果审案时，因为缺少证据以及相关的信息，无法追查诈骗资金的去向。从本质上看，这也是因为执法部门没有把追回赃款作为一项主要任务来看待。

承担着查抄清算梅道夫财产业务的律师事务所，一开始说梅道夫很有可能把赃款汇到了国外，因为他在国内的银行系统里没有留下任何痕迹。大众舆论包括一些学术界人士也倾向于这种说法。然而美国证监会却不这么认为，他们说如果这笔钱转到海外，会受到当地政府的监管，但美国政府一直没有收到任何国家发现这笔赃款的通知。比如说，要是梅道夫把钱转到了香港，中国政府发现后就会告知美国政府，并一起协助打击犯罪。后来这家事务所又改口说没有发现赃款转到国外的证据。对这消失的500亿美元的追查，从此不了了之。但不管怎么样，这家事务所还是获得了10亿美元作为清算服务费。被梅道夫诈骗的投资人挺倒霉，本来只追回了110亿的赃款，这样一来就更少了。

梅道夫确实有能力在海外建立一些空壳基金用于接纳他的赃款。这些基金可以建立在英属维京群岛、开曼群岛、萨摩亚独立国这样税率很低、监管又比较松散的地方，最关键的是不会受到本国司法的管辖，可以逃避本国执法的调查。中国国内查处的e租宝所属的钰诚集团，就是在英属维京群岛注册的。但把钱藏在海外对梅道夫自己并没什么好处，他进了监狱，子女亲朋和利益团体都在美国，被政府监视着也拿不到这笔钱。

我猜测梅道夫可能是以做市的形式把这些钱洗掉了，分配给了更大的利益集团。打个比方，高盛公司在市场上卖一个产品价值300亿，梅道夫花500亿买下来，让高盛赚200亿。梅道夫再把此产品以100亿的价格卖给摩根，摩根再按300亿市值转手赚200亿。这样梅道夫洗没了400亿。理论上这样的交易是存在的。前面我提到过，尽管华尔街的大佬们没有一个投资给梅道夫，但也没有一个举报他。梅道夫有可能就是华尔街顶层利益集团的一个敛钱工具。不过因为没有数据也没有交易记录去验证，所以这也只是一个假说。

分析与点评

上面总结了梅道夫诈骗和处理赃款的手段，以下介绍一些识破梅道夫这类骗子所需的基本常识和专业知识。

☼ 概率学与统计学基本常识

梅道夫吹嘘他每年能给出10%的回报，旱涝保收，这并不符合概率法则。比如掷一次硬币，正面为上的概率是多少？二分之一；掷两次都是正面的概率呢？四分之一；掷三次都是正面呢？八分之一；要是连掷20次都是正面呢？一百万分之一，接近零。就是说梅道夫想要连续20年都挣钱，从不亏钱的概率是一百万分之一，接近零。再打个比方，职业守门员扑点球，就算再厉害，射门的职业球员再差，20次也能进一个。

一篇研究基金的论文，发现跟随股票大盘走势的基金才是可靠的。毕竟基金是由大盘里的某些股票组成，当大盘跌宕起伏、忽高忽低时，基金也应该跟随着波动才对。即便偶有出入，也应该是偶然。在美国，一支基金可能今年侥幸进了龙虎榜，明年就不知道排到哪里去了，必然不会长久（小概率事件）。总之，长时间的"稳赚不赔"是不可能完成的任务！梅道夫的基金号称20年里每年挣10%，没有一年亏损，甚至没有一年低于5%，这个"业绩"严重违背了股票市场的基本规律，严重违反了概率统计规律。这里面只有两种可能：庞氏骗局或内幕交易。不管是哪种，梅道夫都要进监狱。

"稳赚不赔"的吹嘘在国内非常多见。形形色色的金融产品或抽奖游戏的套路简直和梅道夫一模一样。有的借贷公司，声称每年15%保本保息稳赚不赔，怎么可能呢？所谓的"稳赚不赔"都是不可能的，越是吹得天花乱坠，诈骗的嫌疑就越大。

✿ 金融市场基本常识：市场有效性

在激烈的金融市场里，只要某个赚钱的策略公布于众，就会立刻会被拿来模仿，于是这个策略很快就会失效。比如说，现在黄金价格低，白银价格高，我的策略是通过买入黄金、卖出白银挣差价。只要公开这个赚钱策略，大家就会都跟着买入黄金、卖出白银，导致黄金价格上涨、白银价格下跌，等到差价缩小到零，这个策略自然就会失效。梅道夫数年来都在宣传一个交易策略，如果真的那么有效，精明的竞争者早就在第一时间模仿使用了，该策略就会很快失效。梅道夫说自己一直用同一个策略赚钱，破绽也太大了。

前几年我在一家中国地方电视台看到一个广告性质的财经节目，就一直说白银价位合适，"快买吧，快买吧"。但要是这个策略真的那么管用，岂不早就被庄家大户利用了？他们已经买足了存货，就等着大家跟风让价格上涨，你看到电视节目再进去肯定是高价收购，一定亏！

✿ 金融专业知识

有了前面两个基本知识，你就能辨别这类骗局了。如果要深入研究梅道夫的骗局，可能要达到金融研究生的水平。这里简单提一下，梅道夫公布的策略是一种股票加期权的玩法。在这个策略里，他需要购买大量的某种期权，而他需要的购买量远远超出了整个交易所的供应量。有人去问过出售期权的人，竟然没有一个跟梅道夫有过交易！只要能验证这一点，就不会上梅道夫的当。

⚙ 认清行业本质

如果你认为梅道夫事件只是偶然，整个行业还是好的，那你可就错了！对冲基金行业是一个布满凶险的行业，对冲基金的经理们为了保护自己的交易策略不被别人偷学，很多信息都不对外公开。而且美国的法律法规也允许这样的暗箱操作，为梅道夫这样的骗子提供土壤。因此投资这个行业，要承担相应的巨大风险。

我想起华裔教授罗闻泉（Andrew Lo）在美国的一个行业会议上用英文讲了一个郭德纲的笑话，来描述这个行业：一个小孩儿学会了一句有用的话"我知道事情的真相了"。他妈妈听到这句话很害怕，给了他10美元；他爸爸听后给了他20美元；邮递员听后哭着对孩子说："来，让爸爸抱抱。"

中国证监会到目前为止依然禁止在中国开设对冲基金性质的私募基金，考虑到对冲基金的信息不透明，以及暗箱操作的可能性，这样做恐怕是明智的。

防范指南

⚙ 先问几个问题

得到我们信任的人其实是个骗子——这是一件可怕，却可能发生的事情。如果你的好友说有一个投资项目"稳赚不赔"，在投资之前，你需要问清几个问题：1. 投资的钱都会用在哪里？怎么去验证？比如投资一个饭店，你要看到餐桌厨房；投资股票，你要看到股票交易记录，必要的时候还可以向券商求证。2. 他是否也有钱投在这个项目里？他的钱会在什么时候撤出来？如果你的好友真关心你，他应该比你投资的时间更长，也应该在你之后收回自己的投资。3. 该项目是否有抵押品？因为钱收不回来的时候，还可以变卖抵押品归还债权人。

✿ 不要相信光环

公司为了扩大业务，建立正面的公关形象完全正确。但是有的不良公司，也会为了欺骗投资人或消费者，营造一层层让人眼花缭乱的光环。如果你有一笔钱想投给某家公司，一定要弄清楚这家公司经营者的专业背景和操作水平。如果这些人连基本的金融常识都不甚了解，那你可要当心。例如 e 租宝案，公司经理的金融专业水平都很差，有的甚至是演员出身。还有的上了地铁广告的美女总裁，从来没有出现在投资人的见面会上。可惜这些问题常被掩盖，即便发现了也没得到投资者的重视。最后要记住，很多美好的光环都可以用钱砸出来，而骗子一般不缺钱。

✿ 用专业知识识破骗局

好的推销员不会挨家挨户敲门推销产品，有时候不推销也是好的营销方式。面对这种"无欲则刚"的骗子，我们要相信自己通过专业知识所获得的判断，必要时可以请专业人员来帮你分析问题，条件允许可以向多家咨询意见。

⚙ 进行实地调查

防范暗箱操作、与世隔绝的骗术，最有效的办法就是实地调查。比如像梅道夫案的资金规模，至少应该有几百个行政人员做支撑，而梅道夫只雇佣了区区二十几人。越是内部神秘的公司，投资的危险系数就越高。守法企业不会反对投资者会面，因此在调查公司情况的时候，也要借助别人的意见，投资者尽量能组成一个时常交流信息的团体。反观梅道夫死死卡住了信息流通，令客户无法进行整合分析。

⚙ 依靠监管机构

梅道夫这样高深的资金藏匿和转移的手段，受害者是无法应对的。为了对资金转移加以防范，我们只能依靠监管机构的力量。证监会作为负责任的政府机关，应该被赋予相应的监管权力。如果涉案资金已经被转移，就应依靠公安机关实施追缴。

在过去几年里，中国的监管部门采取了很多措施来防范庞氏骗局性质的非法集资，除了检验项目的真实性，还要检验公司的抵押财产是否过关，最重要的是监督点对点的资金流动，使得指定项目的投资不能挪作他用。此外，还成立了各种监督协会，能够在发现问题后及时分享，这些都是有效的措施。

✿ 呼唤英雄

在梅道夫诈骗的这些年里，还是有正义人士坚持挑战，不断向执法部门投诉和举报。其中一位是美国公认的英雄希腊裔美国人哈利·马可波罗斯（Harry Markopolos）。金融硕士哈利在一家基金公司工作，职务是金融调查。当初哈利一看到梅道夫公开的业绩数据就说里面有问题，于是开始进行大量的数据分析，并用详实的证据证明这是一起庞氏骗局。哈利向证监会举报梅道夫，没有想到后者并不理睬他。在梅道夫倒台前的8年时间里，哈利一直在进行举报，向证监会提交大信息量的详实报告就有5次，正规投诉24次。这期间哈利担心自己会被打击报复，购买了一只冲锋枪；每次开车前，他都要趴在地上看看车底盘有没有被人装炸药；出于安全考虑，他也从来不把家人的照片和信息公布出来。

在一个骗子横行、好人遭殃的时代，弱势的投资者盼望有人能挺身而出揭穿骗局，我们呼唤这种英雄的出现。

金融小贴士
Financial Notes

● **证券投资**

在中国主要是对股票、债券、期货的投资，以低买高卖的方式盈利。在美国还包括对期权、外汇、房地产债券等其他金融产品的投资。

● **对冲基金**

基金是一种把投资人的钱收集起来，进行各类金融投资的机构。对冲基金是基金的一种。对冲的本意是以优化证券组合的方式规避风险（不把所有的钱投在一个证券上；把多个证券组合起来，用数理分析的方法达到最优风险回报率），追求高风险下的高回报，在风险降低时通过大量卖空、加杠杆、倒买倒卖高风险期货期权产品，提升风险。相比普通基金，对冲基金所受法规限制较少，且信息相对不透明。

美国的地沟油骗局——
罗德尼·海利案

┌─────── 关键词 ───────┐

劣质油处理

票据造假

税务审查
└─────────────────────┘

这里的地沟油泛指生活中各种劣质油，如反复使用的炸油或回收的烹饪油。地沟油处理事件在中国很受关注。实际上在美国也会出现地沟油的处理问题，甚至还会有骗局发生。本章描述的就是关于地沟油处理的一桩骗局，著名的罗德尼·海利（Rodney Hailey）案。

豪车列队

在马里兰州巴尔迪摩市郊外的一个中档社区，搬来了一个单身汉，他就是事件的主人公罗德尼。他住的房子和社区其他的一些住户没什么区别，但他搬来时带来的十几辆豪车，让周围的邻居着实感到惊讶。他开的车有宾利、法拉利和玛莎拉蒂，价格从17万美元到23万美元不等。虽然这个人的房子很大很气派，但充其量房价也就100万美元左右，而那么多高端的豪车更像是千万或亿万富豪的家当。不仅如此，他在搬来之后的几个月里，不断地添置豪车，有更贵的兰博基尼和劳斯莱斯，前前后后一共24辆。自己家车库停满了，就停在街道上，以至于家门口整个一条道都停满了豪车，颇像国内有钱人的婚礼现场，与这个小区的环境显得极不协调。充满了惊讶与疑惑的邻居们渐渐开始抱怨，因为这个新住户的豪车队伍占据了太多街上的停车位。接送小孩的校车也不敢经过这条街了，因为校车司机生怕不小心刮蹭到了某辆豪车承担不起，这给送小孩上校车的邻居添了不少麻烦。

包括他的新住所在内，罗德尼买这些车，都是全额现金付款，没有一点贷款。这即便在富豪阶层里都是非常罕见的。在影视作品里，如果你看到一箱子几十万美元的钞票，往往会跟非法勾当有关。罗德尼也是如此，只不过他的生意不是毒品、军火，而是地沟油。

美国的地沟油处理行业

在中国，人们深恶痛绝的地沟油来自餐馆排到下水道的食用废油，被不法分子捞出简单加工再冒充食用油出售，危害人民健康。处理这些地沟油的正规途径是将其回收转化成燃料用油，这种从食物油中提取的燃油，使用时不会污染环境，优于一般的石油燃油。然而需要经过一个复杂漫长的过程才能变废为宝。地沟油的提取车间一般都臭气熏天，美国人称之为茅房产业（cottage industry）。这里面不光有从餐馆回收的食物废油、粗糙的菜籽油豆油，还有猪和鸡的脂肪和各种化学添加剂。这种提炼的成品油在市场上也卖不出太好的价钱，2016年的数据显示，一加仑提炼油的出厂价才1美元左右，相当于人民币2块钱一升。

美国政府为了保护该产业，2005年开始强制各大石油企业每年必须提供一定数额的生物柴油（Biodiesel），这种生物柴油就是我们上述所说的从地沟油及动物植物油中提炼出的燃料用油。为达到政府规定的配额，各大石油企业可以自己生产，也可以从别的供应商那里购买。这就催生出一个专注于生物柴油生产的产业，和一些相关公司的建立。

地沟油金融诈骗

我们开头提到的豪车拥有者就建立了这样的一个处理地沟油的小公司。此人名叫罗德尼·海利，是一个社会底层出身的70后，早年因为在加油站偷汽油被捕过。想不到他日后还搞起了地沟油骗局。他首先在台面上搭起一个十几个人的小公司，叫清洁绿色燃油有限责任公司（Clean Green Fuel LLC），然后在环境保护局完成注册，就再没有然后了！

没有厂房、没有运输渠道，甚至连地沟油都没有，就这样堂而皇之地和跨国石油公司做起了生意。对外他号称承包了2700家餐馆的地沟油，有着充足的原料来源，又吹嘘说在巴尔的摩的工业区有自己的炼油厂房以及库房和存货。

由于买卖市场的发展以及运油过程的种种困难，生物柴油的大部分交易是以信用（credit）形式进行的。在信用交易中不需要马上交货就可以得到付款，这就给两手空空的骗子提供了可乘之机。在一次生物燃油交易中，罗德尼得到了康菲石油公司20多万美元的货款，而康菲公司当天不会收到油，收到的是罗德尼制造的一组票号（Renewable Identification Number）。

票号本质上是付款凭证。在正规的生物柴油交易中，每1加仑油都会有一个生产商签发的票号。每一个票号就相当于中国古代的银票，只不过标的资产不是白银而是生物燃油。一个票号长达三十位，足够标记任何一加仑的柴油，票号里的字母和数字显示着公司厂房的具体信息和生产细节。

康菲需要把这些票号递交给环境保护局，证明自己购买了这些票号的生物油，完成了后者给他下达的配额指标。美国政府就是以这种方式来推动地沟油处理产业。这些生物油最后由这些石油公司销售到市场中，他们挤占了传统石化油的份额，但起到了降低污染保护环境的作用。

可是这样一个美好的系统却有一个天大的漏洞：制造假票号太容易！一个票号就是一串数字或字母，不像美钞有着防伪标签或各式暗号。在与康菲公司的那笔交易里，罗德尼提供的是一组假票号。说这些票号是假的，是因为每张票号所指的那1加仑油根本就不存在！

由于票号格式过于简单，罗德尼仅仅用Excel表格里最简单的数字功能就能凭空制造出所有的票号。2011年20万美元大概可以买到10万加仑的生物燃油，也就是需要大概10万个票号。看似很多，但用Excel软件只需2分钟就可以全部制作出来。他甚至不用把票号打印出来，直接一个电子邮件发送就完事儿了。

当然发行票号是需要许可证的。罗德尼的公司必须要在环境保护局注册才能获得许可。让骗子们欣喜的是注册的门槛几乎为零。这又暴露了系统里的第二个漏洞：监管不力。环境保护局是负责整个系统的政府机关，只有经过它的许可，罗德尼的公司才能印发票号。

显然这家机关根本没有调查就颁发了许可证，还把这家骗子公司作为

"信得过单位"列在了政府的网站目录下，以至于不少买家受了误导。对此环境保护局事后还作了一番解释，说国会没要求他们实地检查公司厂房，也没有相关的拨款和预算去干这些工作，这些事情应该由买家们自己去做。

美国司法部指出，既然以政府名义签发许可证，政府就应该尽到职责、保证这些公司的合法性，否则政府的信誉就会陷入危机。

环境保护局的失职还不止于此。有的买家发现了罗德尼的骗局，向环境保护局举报。结果环保局既没有立即关闭罗德尼的公司，也没有将案件转交给执法部门，而是打官腔说查验、关闭一家公司需要走很多道手续等等。如果当时环保局能够及时采取行动，罗德尼的诈骗也就不会走得那么远，实际上当时罗德尼的诈骗金额只有400多万美元，等到定罪的时候已经达到了900万美元。

税务调查

罗德尼是个比较低端的骗子，从开始犯罪到最后被抓获也就1年左右的时间。说他低端主要是因为他的高调，在一个中档社区停放了二十几辆超豪车必然会引起人怀疑。

罗德尼从小应该没见过什么世面，在他看来有钱能买的东西只能是街上跑的车。每一次诈骗成功，他就把赃款用来买车，今天骗了15万美元就买15

万美元的车，明天骗了23万美元就买23万美元的车。要想知道罗德尼诈骗了多少钱，数数他房前停的车就可以了。连负责清算罗德尼财产的官员都觉得清算工作轻松得有些好笑。

前面提到，罗德尼停了那么多车给邻居造成了很多不便，还真没有邻居举报他的可疑，倒是当地一个巡逻警察觉得不对头，就告诉国税局以防偷税漏税。在美国国税局的眼里，这个世界上有两件事是躲不过的：进棺材和交税。

国税局调查科的人开始翻阅罗德尼的账目。因为罗德尼的这些巨款入账时间都不久，还没到财务年度的结束，所以在税务上查他还需要等一段时间。但国税局在查账时发现罗德尼的一些花费和他宣称的商务对不上。比如罗德尼号称经营的是地沟油处理加工厂，可他的花费里并没有相应的大额水电费、场地租赁费、原料采集费等等。能看到他的花费项目就是车、车、车！

毫无疑问这里面一定有诈，诈骗是刑事罪，归联邦调查局管。罗德尼的诈骗手段非常简单，破案也毫不费力。有意思的是，联邦调查局查到罗德尼居然还一直在领取政府发放的失业保险金。

罗德尼卖假票号的骗局脉络很简单明了，所有环节上证据确凿，最终法庭以诈骗罪判处罗德尼12年半有期徒刑，应该算是严惩。

点评与分析

随着国人的深切关注以及技术水平的提升，终将会有能够妥善处理地沟油的行业和企业出现。这些良性企业的存活取决于一条完整的产业链条，这其中有三个重要环节：

1. 确保地沟油的完全收缴。其实美国的烹饪废油不应该叫地沟油，因为它从来不进地沟里。美国的饭店不可能把大量的地沟油排到管道系统里，因为这很有可能因油脂凝结引起管道堵塞，造成很高的维修成本。为了处理烹饪废油，美国的饭店一般都会主动打电话找回收公司上门收购。

在中国，地沟油也应该以收购的形式处理。收购应该由正规合法的企业来完成，才能不给不法分子可乘之机。在美国实行的办法是由当地的生物炼油加工厂，直接承包某一地区所有饭店地沟油的收购，以一种垄断的方式杜绝地沟油被盗走危害群众的可能。

2. 加工提炼是否过关。这一点的满足除了需要企业自身的技术水平过关以外，更多的需要国家机关的监管。罗德尼案就是因为美国环保局的监管缺失所造成的。这里的监管包括对企业真实性的审查、对产品质量和数量的检测、生产供应的督促，以及制定条文规范整个行业。

3. 确保生物油成品的销路。这是最关键也是最难做到的一点，如果产出的生物油没有销路或价格低于假冒食用油，那么这些良性生物油制造企业必然无法生存。这取决于国家的大政策，就像厦门大学一位学者说的那样，"关键的问题是政府必须制定一个强制标准，这样生物柴油才能与柴油被同等对待。"

　　美国通过政府强制执行来保障这一点：燃油市场的几个巨头必须完成政府的生物油购买和生产指标，否则就要受罚。不幸的是，在中国却还出现过大石油公司排挤生物燃油公司的法律事件。

防范指南

　　罗德尼的落网只是一个时间问题，即便税务局不调查他，他选择的诈骗行径也必然在短期内被发现。在任何交易里，收了钱之后就要交货。不管怎样无中生有，罗德尼必须在规定时间内把货物交付给买方。只要到时间不交货就一定会穿帮。所以他的骗局不会像庞氏骗局一样有一段可持续的时间。对于买家，类似这样的骗局实际上也非常好防：

　　1. 实地检查。对这种实体行业的检验比对金融行业的检验容易很多，因为你能看到厂房设备；2. 把一桩大宗交易打散成一系列的小笔交易，在收到第一笔交易的货品之后，再开始支付第二笔交易。买家完全有时间这样干，因为完成国家的配额可以有一年时间，用不着赶在一两天完成。3. 分散供应商，如果不确定一个供应商是否真实，可以寻求其他供应商，分散投资。4. 如果发现诈骗行径应该及时举报。

　　在中国，诈骗属刑事案件，既可以投诉到环保局这样的监管机关，也可以直接向公安机关举报。向后者举报会更受重视。前面提到罗德尼案件中，美国环保局一直不闻不问，但FBI一立案调查，环保局就立刻开始协助办案。

以上四点防范手段对于公司来讲都是很容易做到的。罗德尼案中之所以有很多公司上当，是因为这些公司相信了环保局的官方许可，以致最后受骗。所以环保局要负一定的责任。既然环保局没有能力去检验每家供油公司的真实性，就应该早做声明，告诉大家哪些是政府没做过的，哪些是投资人需要自己做的。就像国内不少证券公司的网站，一上来就先声明"股票有风险，投资需谨慎"。

虽然罗德尼钻了生物油票号系统的漏洞，但这个漏洞很容易补上。首先要消灭所有罗德尼这样的虚假诈骗公司，鼓励买家举报给执法部门；然后在环保局的数据库里添加一个收据核实系统，生物燃油的每一单交易的买方卖方交易量直接输入到系统里。这样如果某一公司突然滥发票号就能及时察觉。

即便这样，生物燃油的票号系统还是存在隐患的。在问世的短短几年里，燃油票号的交易已经开始脱离生物燃油的交割，开始形成了一个金融系统，里面有交易员、经纪人进行各式各样的倒买倒卖，和期货交易一模一样形成了一个投机交易的市场。然而燃油票号市场却不像期货市场那样规范有章可循，这里面存在的隐患远远超过了罗德尼诈骗的规模。因为中国还没有类似燃油票号的市场，在这里就不展开讲了。

罗德尼的案子归根到底是一个制造假票据、欺骗企业的案件。在中国也有很类似的制造假发票的案件。不一样的是，购买假发票的企业才是案件的元凶。这些企业收购假发票，按照发票上的项目，入办公用品、住宿机票等虚假账目，做账做成了企业自己的花费。这样申报时剩余的利润就人为降低了，向国家交税也就少了，也就是说企业的非法逃税促进了假发票的利益链条。当然逃税只是原因之一，其他原因还包括贪污腐败、平衡收支等等。

在中国打击假发票行业，还是要从主动购买和使用假发票的企业给予应有的惩处出发。这不仅需要国家税务局进行审计核实，也需要公安执法部门加以配合。目前来讲，对假发票的打击力度和处罚力度还不够，只要犯罪的成本少于预期收益，那么这项犯罪就会继续横行下去。

我们唯一能做的，也只是验证发票的真伪。假发票可以通过网络查询或电话查询的方式发现。可以在国税、地税局的网站上，输入发票的类型、发票号码以及验证码进行查询。这套系统只适用于近三年发行的发票。

交响乐中的
问题基金

—— 关键词 ——

慈善捐款

互联网泡沫

证券欺诈

伪造签名

高雅艺术的财务窘境

如果大家对歌剧、芭蕾舞或交响乐这样的高雅艺术有一些爱好，有机会可以去一下英国皇家剧院，这里是英国皇家歌剧团、皇家芭蕾舞团和皇家交响乐团的表演主场。纽约的大都会剧院也同样值得一去，这里有美国最大的古典艺术团体，每年上演两三百部歌剧、舞剧和交响乐。在这些顶级的剧院里，全世界最有才华的音乐家、舞蹈家和指挥家济济一堂，演绎高雅艺术，展示高超的技艺。

然而，在绚丽演出的背后，很多高雅艺术团体的财务状况都非常紧张。在欧美国家，政府很少资助高雅艺术，毕竟高雅艺术团体算是私营企业，要独立发展。近年来因为越来越少的人买票欣赏现场表演，高雅艺术的票房收益大不如前，纽约大都会剧院的票房近十几年来下降了30%。很多艺术团体也只能改变经营策略，比如雇佣工资较低的外国艺术家，一些小剧院干脆选择关门大吉。为了长期维持，高雅艺术只能向社会化缘，期望好心人的帮助。

高雅艺术的慈善捐款并不是每人5块、10块的点滴捐赠，而是大财阀、富商动辄百万的大手笔。在2007年至2013年期间，大都会剧院一共收取了1亿多美元的慈善捐款。相比之下，政府的资助只有少得可怜的50几万。一些富人捐款之后会被冠以慈善家的美称，在一定程度上来说，正是他们掌握着高雅艺术的财务命脉，使高雅艺术不至于消亡。

可谁曾想到，迄今为止给高雅艺术捐钱最多的人竟然是个金融诈骗犯，他就是本章的主人公阿尔伯托·维拉（Alberto Vilar）。

伪移民的发家史

阿尔伯托·维拉生于1940年。从美国一个不太知名的学院毕业，拿的是经济学位。毕业以后，他识时务地进入到了回报丰厚的华尔街投资行业工作。

骗子往往一开始就不诚实。维拉也是一样。当年维拉为了博得周围美国人的好感，假冒古巴一家大财团的公子。本来家产丰厚，却赶上了1953年古巴革命，家族的产业都被收缴了，家人被整，自己只能逃到美国。维拉在各个场合都向古巴社会主义开炮，声称在那里没自由。当时美国和古巴的关系非常差，维拉的说辞很符合当时美国的政治风向。一些天生具有资本主义优越感的美国人很吃这一套：既然是敌对势力的受害者，就应该照顾一下。

实际上维拉出生在美国本土，护照上的出生地写的也是美国。被人发现以后，维拉就说他母亲是在1940年到美国办事的时候生下的他。这种赴美产子的事情根本无法查证，更何况是在信息不发达且又时局动荡的"二战"岁月。靠着这样的欺世盗名，维拉渐渐混进了美国的主流社会。

维拉建立了美洲印第安人投资顾问公司（Amerindo Investment

Advisors），除了给客户投资方面的建议，该公司也帮客户打理财富，所以也算是一家资产管理公司。要管理资产，不能光靠读书看报凭感觉，还要做很多技术活，还要运算数据，根据指标挑选股票，然后再把股票揉在一起成立基金，并且算出每一股在基金里的最佳百分比，达到风险最低、回报最高的配置。虽然维拉在金融技术方面不行，但他找了一个精通算法的数学博士，弥补了这个短板。就这样，维拉和他的合伙人一个在台面上拉拢投资者，一个在台下做金融产品，两个人相辅相成，公司越做越大，在纽约、旧金山、伦敦都开了分部。

除了能吹嘘自己，维拉最初在投资方面还是有些格局观。20世纪70年代他瞅准了半导体这个新兴行业，狠赚了一把。到了20世纪90年代初，微软、苹果这些高科技公司兴起，他又大把砸钱进去。到了20世纪90年代末，这些公司的股票疯长，大笔的收益进账，维拉和跟着他投资的人，十几年间赚了10倍。

慈善捐赠的按揭

维拉富了，身家超过了10亿美元。他买下纽约市中心一栋大楼里的几层房间当他的私人豪宅，光起居室就五百多平米，家具都是镶金的，墙上挂满了名画。

维拉最喜爱的是歌剧和古典音乐这些高雅艺术。熟悉他的人都说维拉平时很死板，但一提到歌剧和古典音乐就两眼放光。身为大富豪，维拉买得起最贵的演出票，但维拉觉得还是应该再做点什么："应该让这些艺术蓬勃发展下去，既然手上钱多，那就捐了吧。"

维拉为高雅艺术撒钱一点也不心疼，每笔捐款动辄上千万，小则几百万。迄今为止，维拉依然是全世界给高雅艺术捐钱最多的人。接受他捐款的，不光有大都会歌剧院和英国皇家剧院这样的豪门，还包括肯尼迪中心、华盛顿剧院、洛杉矶剧院、奥地利萨尔斯堡艺术节，以及很多大学的艺术类项目。

维拉捐款也要求有回报。为了让大家都知道他的善举，他坚持要把自己的照片张贴出来，印在表演介绍、剧院海报、演出票票根这些地方。他还时常要求剧院领导向他公开致敬，一副"请你表扬我"的态度。甚至有一次他还要求走上舞台和艺术家们一起享受谢幕的掌声，不过最终还是被拒绝了，因为捐款再多，也不是艺术的一部分。

和欧美大多数的慈善捐款一样，维拉捐款走的也是这样一个标准流程：维拉曾经计划给英国皇家剧院捐款7000万英镑。他先向英国皇家剧院公开捐款承诺，让全世界都知道这件事。这个数额不用一次交清，可以分批交，就像交房贷一样。剧院会根据许诺的捐赠金额作账，做成7000万的应收账款，账面上的资产也因此增加。要是许诺的捐款不能到位，这些应收账款就变成坏账，成为严重的财务损失。

从金融角度来看，捐赠人公开许诺捐款其实和贷款买房差不多。在公开许诺捐款中，捐款者花钱买到的是慈善家的美名，一个美好的形象。承诺的捐款，可以分批付，像按揭还房贷一样。但是如果许下的钱不能全部到位，哪怕已经给了一大半，那么所有的表扬和纪念都应该拿掉，甚至要登报说明捐赠人不信守承诺。这和还不上放贷、房子被银行收走的道理一样。

维拉给英国皇家剧院许下捐款承诺以后，英国人很高兴，还把一个演奏厅以维拉的名字命名，算作表彰。结果维拉的钱捐到一半就不捐了，英国皇家剧院该收的钱收不到，却已经做了相应的花销，一下子变得非常被动。剧院随即就把维拉的名字从演奏厅的门牌上拿了下来。

维拉还承诺给纽约大都会剧院捐款4000多万美元，结果只给了1000多万美元就不给了。大都会剧院也很郁闷，随即登报说维拉的公开承诺没有兑现。维拉夸口许诺的捐款前前后后加起来一共有2亿多美元，最后真正兑现的也就几千万。在这里，笔者愿意相信维拉是真的想支持高雅艺术，没有诈捐的意思，问题是他高估了自己的支付能力。

慈善家的诈骗

维拉捐款时有一种臆想：觉得自己会一直赚钱，而且越赚越多。这个想法来自于他对股票市场的错误观点：只看到眼前的涨幅，却不去注意隐含的长期风险。

维拉的投资全部都在高新科技股上，先前挣的钱得益于20世纪90年代末互联网公司的股票疯长。那个时候，只要一家顶着"互联网"名头的公司上市，大家就疯狂购买。其实很多互联网公司根本不挣钱，相反还欠了一堆债，它们的股票也都是垃圾股，没有任何价值。这种投资的结果可想而知。当互联网泡沫破灭之后，这些股票的价格就一下子跌到了谷底。

泡沫破了，股价跌了，维拉穷了。面对赔个底儿掉的基金和纷至沓来的账单和催款，维拉实在招架不住。但要是在这个时候宣布破产，他的公司、豪宅就都没有了，何况"慈善家"的美名。情急之下，维拉便搞起违法的勾当。

有一次，维拉单独约见一位客户，向她要了500万美元，说是用来投资证券，还说这些投资肯定特赚，说每个季度能有25万的利息，这就是20%的年收益率。他还说这个机会只留给多年的关系户，不能让别人知道。这位客户在维拉那里投了上千万的资金，打过多年交道，没有多想就在合同上签字了。结果这500万根本就没有用来投资，其中大部分被转移到了国外，剩下的钱维拉两周就花完了：修家电、请客吃饭、还房贷、给剧院捐钱。

维拉如法炮制，又骗了很多信任他的老客户。但毕竟维拉没有钱，许下的投资回报根本到不了账。有的客户发现被骗之后，要求撤出投资。维拉先说这些钱已经拿去做投资，一时半会儿回不来。如果客户继续坚持，维拉就做出更多的"解释"，试图用一大堆金融术语把客户搞糊涂。若是客户要钱的态度依然坚决，维拉便倒打一耙，说客户不讲信用，在他公司周转困难的时候抽走现金流，是要致他于死地。但这样的指控在法律上根本站不住脚。

维拉有一个客户比较警觉，她请自己的另一个股票经纪人进行了调查。结果发现维拉的公司已经破败不堪：说好的捐款交不出来，还欠了一大堆税，政府已经采取了要账手段；为了借钱维持生计，维拉连自己的豪宅都抵押了出去。最要命的是，这个客户发现以前存在维拉那里的钱也被偷偷地转走了！基金公司要是想动用客户的资金，必须要有客户的签字许可。而为了把钱转走，维拉竟然大胆地伪造了签名！伪造签名是刑事罪，该客户忍无可忍把维拉告上了法庭。在随后的调查中，维拉的假投资也都曝了光，犯了证券欺诈罪。最后数罪并罚，法庭判了维拉9年有期徒刑。

可笑的是，维拉在受审的时候，还一直骂接受他捐款的高雅艺术圈的那些人不出来帮他说话。

点评与防范

英美国家慈善捐款的按揭制度，与我们常见的一次付清的现场捐赠不同。在这种制度下，捐赠人可以先许下巨额数字，将来再一点点交清，这就让捐款反倒成为了一种负债。当捐赠人失去偿还债务能力的时候，以前所获得的种种名誉资产都会被收回，还会招来不守信用的骂名，而先前已经支付的所有捐款，全都做了无用功。维拉就是在这样的慈善捐款制度里，透支了自己的捐赠能力。

维拉的透支，除了因为他当大慈善家的野心过大，也是因为他错误地判断了股市行情。维拉只看到了高新科技股的高回报，却忽视了背后隐藏的高风险，最后被股市泡沫拖垮。其实当时对科技股盲目乐观的不止维拉一个。20世纪90年代末，整个世界都看好互联网科技，相信世界将因此改变。对美好蓝图的憧憬使很多投资者像羊群一样不假思索地涌了上去，只有极少人真正做功课探查股票背后的公司。当泡沫破碎时，很多人因此倾家荡产，一些人选择用犯罪来挽回损失。

证券欺诈

目前像维拉基金这样的私募基金在中国发展很迅速。基金的金额总量达到了8万亿人民币，基金数量达到了4万多家。中美两国私募基金的运作都是通过熟人之间的关系来建立投资关系的。

近些年在中国接连发生了e租宝这样的面向公众的投资骗局，大家觉得网络投资越发不可相信，往往会把投资的对象转向自己熟悉的人。我们以前的同学、同事、朋友当中就会有基金经理。把钱投给他们好像更靠谱一些。其实即便是基于熟人关系的私募基金，也会有很大的欺诈风险，就像维拉所坑害的客户，很多都是跟他相识多年的好友。

私募基金骗局最主要的手法是证券欺诈。证券欺诈就是以投资证券为名，把客户投资的钱拿去自用或用于其他投资。除了上文讲过的私挪客户资金，还有其他几种形式的证券欺诈：

很常见的一种做法是偷换投资产品。比如骗子经理告诉客户钱会投在低风险的国库券上。但拿到钱以后，他们就把钱投在了高风险的科技股上。那时候科技股回报高于国库券，客户最后也得到了许诺的回报。但是，1. 不经客户同意，擅自更改资金用途本身就是欺诈；2. 骗子经理把高出来的那部分回报给私吞了。好比国库券一年回报2%，科技股一年回报15%，基金经理就吞掉了13%，这也是违法的；3. 基金经理让客户承担了不必要的风险。科技股疯涨的时候还看不出来，但高风险的科技股也会暴跌。如果基金经理自己承担投资损失，或许法院还能从轻发落；可如果要让客户来承担亏损，那就必然会受到严厉惩处。

为了保证投资安全，首先要验证所选私募基金的真实合法性。应该选择在中国证券投资基金业协会注册下的私募基金。协会网站上不光注明了各个私募基金的注册信息和管理人名字，还能查到该基金公司的各类产品。每家公司都有自己的投资领域，有的产品投在了房地产，有的产品投在了期货期权，有的上市定向增发等等，每个产品都是特定的，基金经理不能拿钱乱投资。

在私募资金的正规操作里有一套托管制度：客户的钱不在基金公司的账上，而是放在第三方券商或商业银行那里托管。这样做，一是能防止非法挪用：如果钱都在基金公司自己的账目下，就可能会有贪污；二是可以对基金进行一定的监督。托管机构会及时发现基金的不正当行为，并提出举报。

美国的基金也采取了托管制度，但它有一个薄弱环节，那就是伪造客户签名很容易。以前伪造签名都是用手写，仿真度不高，鉴别相对容易。而现在伪造签名只需要电脑复制粘贴就可以了，所以光靠人眼甚至是电脑去辨认显然不够。维拉正是利用了这一点，伪造签名盗走了资金。其实防范伪造签名的办法不难，在签署文件时，可以用录视频的方式代替手写签名，视频中的图像声音是无法复制的，这样会更安全。现在一些中国国内券商开户的时候已经采用了这种办法，而且也会加上一些生物特征识别的手法，除了鉴别人脸，最简单的办法就是按指纹。

但不管制度再完善、监管再严，还是会有不法行为出现。投资者还是要认清行业整体，在追求高回报的同时，对高风险有所防范。

金融小贴士
Financial Notes

● 税收留置权

只存在于英美国家，如果有人（或企业）欠税，并没有钱去偿还，政府就会对欠税人的房产（或不动产）行使税收留置权。每所房产都是在政府登记在册的。如果这些房产变卖了，卖房金将会进入托管，政府将会拿走应得税收和罚款，剩下的房款归本人。在国内可以这样理解，要是欠税，政府就在你的房产证上也写上他的名字，你房子卖了，他跟你分钱。

● 高回报伴随高风险的佐证

一些数据能让大家认识更清楚一些。耶鲁大学对美国的证券市场做过一项研究，要是在1926年投资1美元，看到了2006年能挣多少：要是国库券就是17美元，刨去通货膨胀，真不算啥；要是公司债券，平均就是72美元，看着还行的样子；要是股票就是3000多美元，比债券多出好多，超级赞；如果只投小股票，得到的将是惊人的15000多美元！然而在高回报的背后，小股票是最有风险的，每回股市一有危机，跌得最惨的永远都是小股票，即便没有股市危机，在平时也是小股票风险更大。

　　国内外很多学者对中国的股票市场做过研究，发现那些市值比较低的公司股票（小股票比如新三板），平均表现要好一些。但并不是所有人都去买这些小股票，毕竟很多人考虑到风险，还会选择大股票，可见为了避免风险，投资者愿意牺牲一些回报。

　　比股票风险小的是债券，比公司债券风险小的是国库券。基于前面的数字，大家也能看到"高风险高回报"的规律。如果这个平衡被打破，好比说一个小股票突然没有了风险（或一个大股票突然回报陡增）；那么大家就都会去买这个小股票（或这个大股票），价格的升高使得回报的空间减少，最后回报就自然降了下来，降到与风险匹配的水平，恢复到平衡状态。

帕里教授的
投资公司

教授的收藏

在美国南部的一所大学里，有一个经济学教授叫阿尔·帕里（Al Parish）。帕里教授开了一家投资公司，在当地很有名。这个公司投资的产品非常另类：别的公司都是投资股票、债券这些证券化的资产，而帕里教授的投资几乎全在"硬资产"上。硬资产是看得见摸得着的实物资产。一般人投资硬资产都是金条、珠宝、大楼。而帕里教授的硬资产却花样繁多，有些甚至令人瞠目结舌，其中有：

· 早年的迪斯尼张贴画，画的都是小鹿斑比和小矮人这样的卡通人物。

· 成箱的金笔，每一支笔动辄上万美元，有一支镶钻的笔买的时候就17万美元。

· 摆在院子里的小矮人雕塑，数目上百。还有一个3万美元的兔子铜像，比喷泉还要大，摆在花园池塘边。

· 摇滚乐歌星的雕塑，用过的吉他，还有签名唱片。

· 花哨的马戏团小丑服。除了收藏，帕里教授平时还穿。个子不高，脑袋光秃秃，胖得像个圆球一样的帕里教授，穿上这些小丑服，效果奇特。

· 4套房子，2台非限量版的捷豹跑车，还有一堆有些土气的家具。

· 金币。

看到这里，你或许有些摸不着头脑，这些东西到底是帕里教授个人的另类爱好，还是他为了投资买下来的收藏品？我们知道，确实有人收藏古董金币，也有人收集几十年不拆封的玩具，这些都能卖出一笔钱。但收藏品之所以能卖钱，还是源自收藏者的热情、品味还有专业知识。而帕里教授爱好这样广泛，似乎不像是对某一项收藏有独到的慧眼。

帕里教授是个很任性的人，不管有没有价值，见到什么喜欢的就花钱去买。有的骗子知道帕里教授的收藏癖好，就找上门来推销假货，比如以几百万美元的价格卖给他一幅莫奈的油画赝品。其实只要查一查莫奈真迹的拍卖纪录，就能知道真假。他之所以上当，还是因为对花钱满不在乎。

其实，帕里教授自己就是一个骗子，他的投资公司就是他骗钱的工具，让他轻松骗得了上亿美元。骗来的钱绝大部分被他花在了所谓的硬资产上。但这些硬资产真的值钱吗？后来帕里进了监狱，他原价几千万美元的藏品，只拍出了5万美元。除了金币，绝大部分东西都一文不值。被骗的投资人来到拍卖行，见识到这些古怪滑稽的收藏品，哭笑不得。

美国小城查尔斯顿

帕里教书的地方在美国南卡罗来纳州一个叫查尔斯顿的城市，也是他土生土长的地方。这个城市是个大学城，人口只有十几万，大学却有6所。帕里教授就在其中一所教会大学教书。

帕里教授平日里是个很活跃的人，课堂就是他的个人秀。虽然经济学有些枯燥，但他在课上很会说笑话，学生很爱听，课堂场场爆满。作为当地的经济学家，帕里还常常出现在电视台，或写文章投给当地报纸，发表他对经济政策的评论，有时候言辞激烈，很能吸引眼球。

凭借自己的知名度，帕里教授创办了一家投资公司，自封为"经济超人"，在当地招揽投资。其实帕里的骗术是很简单的庞氏骗局：先骗张家的钱，等到期了，再借来李家的钱来偿还，然后再借来赵家的钱还李家的钱。帕里一开始骗到的都是没有任何经验的同乡百姓。后来钱多了，名声起来了，就有别的地方的人也来向他投资。帕里公司给出的回报不会高得离谱，因为太高反倒没人相信。他们会给出比普通标准高出一点点的回报来吸引你。比如银行存款的利率是5%，他们就给出6%。虽然看着不高，但足以让人心动。

虽然是位教授，但帕里在经济领域没有任何学术研究成果。具备相关知识的人没人投钱给他，因为都知道他只是招摇撞骗而已。

不过帕里也晓得把他的"硬资产"证券化，做成理财产品，让理财公司帮他卖。再后来有一些受过良好教育的人也把钱投给他。事后统计，帕里的骗局一共骗了600多人。

嘉信理财

这里要提一下一个叫嘉信理财（Charles Schwab）的公司。这家公司主要从事退休金管理，是美国的行业龙头。在美国，人们退休以后一般只能从政府那里拿到每月1000多美元的社会保障金。如果要想把日子过好一点，就要靠退休前自己攒下的（也有雇主存的）退休金。这些退休金的管理不归政府，而是靠嘉信理财这样的私营公司。

在美国，只要是存退休金，嘉信绝对是首选之一。可是这样一家有名的公司竟然在推销帕里的产品！就像在中国国内的正规银行也能买到假的理财产品一样！有些嘉信的客户虽然也很懂行，但鉴于嘉信的名声，还是选择相信购买。显然，在这个案件中，嘉信理财有很大过错，因为它没有任何审核，就把骗子产品挂到自己的名册里，推销给用户。

事发以后，嘉信还辩解说他们只是一个存钱罐一样的机构，用户怎么投钱是用户自己的事。但根据美国的金融制度，嘉信理财具备股票经纪人的角色，经纪人必须要为客户的利益服务，其行为要对客户负责。嘉信盲目地推荐不熟悉的产品，导致客户赔本，让很多人把嘉信理财也告上了法庭。

教授的失忆症

帕里教授的骗局没过多久就被戳穿了。他的投资公司一直号称表现良好而且非常稳定，投资人迅猛增加，这就引起了监管部门的怀疑。监管做的事情很简单，让帕里公布一下他的交易纪录，看他真实的投资和他宣称的数字能不能对上。在帕里递交的报告里，帕里说自己有4000万美元的投资在股票上面，结果证监会一查，他的账上只有几万美元，摆明了在撒谎。随即证监会以证券欺诈的罪名把他告上了法庭。

当帕里教授收到法庭传票的时候，发生了一件很奇葩的事情，他竟说自己突然失忆，诈骗的事情一概想不起来。帕里的辩护律师说，因为受到突然刺激，帕里大脑的一部分功能休克造成了失忆。而控告他的检察官根本不买账。他们指出，帕里能够清楚地记住每天应该吃的复杂的药物名称，而且吃多少、什么时候吃也从没忘记，所以他的失忆是装出来的。

当时正值2008年金融危机，此案影响恶劣。最后法院重判他有期徒刑24年，和之前我们说过的梅道夫关在同一所监狱。

点评与防范

⚙ 骗子正解

在英文里，行骗也叫con，是信心confidence的简写。说白了，这就是一个玩弄信任的游戏。有了别人的信任，才好去骗人。如果大街上或网络上的陌生人向你推销产品，你肯定不会理他。

帕里教授能赢取当地人的信任，原因有几个：

1. 帕里是土生土长的当地人，爸爸是卡车司机，妈妈是小学老师，可谓知根知底。再加上本地人在种族、文化背景、宗教信仰、政治观念上都很近似，自然容易对他产生亲近感。

2. 大家都比较尊重传道授业的老师，这是个比较严肃的职业，认为教师不太可能说谎。

3. 帕里教授常常出现在电视报纸上。大家觉得媒体认可的人肯定都是做过筛选的，不靠谱的人不会出镜。

4. 帕里不时做一些慈善，比如一次性给某大学捐了400万美元建了个体育馆。这样的好人怎么会骗人呢？

5. 有一家声誉良好的理财公司帮他推销产品。

有些人原本没打算行骗，但是当信任他的人变得多起来，骗钱就变得容易，一旦控制不住自己就会以身试法。

我们当然不该怀疑人人都是骗子，但也要明白骗子可以是任何职业。从2008年到2009年，像帕里教授这类的投资诈骗犯美国就查处了190人。在加拿大，每20个人里面就有1个人是投资诈骗的受害者。在中国，笔者身旁的亲友，大多数都曾遭遇过金融骗子，不少人的钱被骗走了。

✿ 证监会的审查

帕里的庞氏骗局垮台，不像梅道夫的对冲基金那样，因为资金断流，找不到下家接盘；也不像斯坦福银行那样，因为有人内部举报；也不是因为有投资人控告他。帕里的垮台来自于证监会的一次例行审查。由此可以看出监管的重要性。

美国证监会有例行检查，也有重点审查。通常那些涨幅异常迅速，资金数额较大的投资公司，会被列为重点调查的对象。涉及退休金管理的公司也会被重点审查，因为要是退休金出了问题，会给社会造成很大影响和负担。因此，帕里教授的投资公司也出现在重点检查的范围内。

中国证监会也有同样的例行审查和专项检查。此外，中国还有一项很有特色的检查制度：随机抽查。中国的私募基金公司有1万多家，从表面上看不出哪一家有问题，而证监会也不可能对每一家都进行年度审查。面对庞大的目标群，随机抽查是比较有效的办法。在这套办法中，调查对象随机抽取，调查人员随机抽取，调查时间不过早公布，但调查结果一定是公布的。这样让每个基金公司都觉得自己可能随时被调查，并且没办法提前准备，也就无法为所欲为。这套随机调查的办法一直被应月在美国的食品和药品安全检测上，实践证明行之有效。

2017年中国证监会对私募基金进行了第一次随机检查，检查还没开始，就有几十家骗子基金闻风跑路，由此可以看见私募基金行业的问题，也能看到随机检查制度的功效。希望这项制度能长期有效执行下去。

✿ 投资收藏品

本章特别的地方在于一种另类的投资渠道——收藏品。投资收藏品不像投资股票债券，可以时时看到价格变动。收藏品只有在买卖的时候才能知道价格，而每次转手则要花上很长时间。再加上大多数收藏品，如金币、字画、古董等等，离人们的生活比较远，又增加了几分神秘感。

就是因为这种神秘感，收藏品很容易被拿来炒作，当价格飙升，炒作人正好趁机牟利。比如前几年国内的"文玩"核桃，竟然能炒到几千块钱一对。而且各种花样名称、各种野史记载、各种抗衰老功能，都被灌入人们的脑袋，误导买家的价值观。其实，不管再怎么炒作，那也只是核桃。

国际上收藏品交易的一个主要作用就是洗钱，并且常常和贩毒走私相关。因为在拍卖市场里，买方和卖方的信息都完全保密，为洗钱提供了天然的土壤。比如甲给了乙一箱毒品，同时把自己的一幅油画公开拍卖，心领神会的乙用天价把画买了下来。乙付的买画钱就是给甲的毒品交易付款，这幅画就是洗钱的工具。

收藏品投资对于普通人来说风险很高，如果实在想把钱投给一些另类公司，或对另辟蹊径的投资很向往，那一定要找真正的专业人士帮忙鉴定，同时要留意收藏品的买卖纪录。

✿ 投资黄金

在帕里教授的收藏品中，唯一挣到钱的是他的金币收藏。

对于黄金这种硬资产的投资，在世界各地是普遍接受的。中国国内的人们也对投资黄金情有独钟。不过国际黄金市场也有很多骗局，下面单独讲讲黄金投资的问题。

美国政府从1933年就禁止国民收藏金条金砖。老百姓只能收藏金币。在中国，金币收藏几乎没有，但收藏金条、金首饰老百姓都很踊跃。虽然黄金可以保值，可以应对通货膨胀、人民币贬值这样的风险，但收藏黄金也一样会有问题。

首先，实物黄金的质量可能会出现问题。媒体报道，有人从银行或知名百货公司买来金条，后来竟然生了锈！为了避免买到劣质黄金或假黄金，有必要找第三方进行专业鉴定，比如通过中国计量认证（CMA）的检验实验室。

买完实物黄金后，存储也是要考虑的。在国外有很多"保险柜"骗局，骗子们告诉你，可以把黄金存放在他们的保险柜里，管理费用很低。他们的目的就是要骗取你手里的黄金。有的骗子银行或公司一边卖黄金，一边提供存储黄金的服务。如果你既在他那里买黄金，又在他那里存黄金，还能拿到更低的买入价，支付更低的管理费用。然而实际上，在这个骗局里根本没有黄金的存在。你掏钱的时候，就是上当的时候。

变卖黄金也是个问题。如果不是自己出售的黄金，银行不收；如果卖给黄金商店，价格又很低；如果卖给典当行，可能会缺斤短两，甚至用化学方法分解你的黄金，将其归为己有。

总之投资实物黄金虽然有其优势，但也同样存在很多劣势，在具体投资时，需要综合考虑。

美国篇

（下）

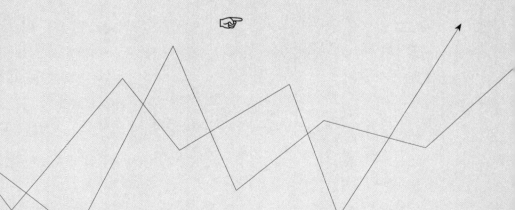

卖房款不翼而飞——
爱德·欧昆诈骗案

关键词

卖房款托管

庞氏骗局

房地产投资

土豪娶亲

　　爱德·欧昆（Ed Okun）是一个身高只有一米六五、模样憨态可掬的小胖子。2007年，55岁的欧昆迎娶了一个年龄小他一半的游艇模特。如果你看到欧昆的豪奢家财，你就不会奇怪这两人为啥能走到一起。欧昆那时候很有钱，光是婚礼就花了20万美金。婚前婚后的珠宝首饰、豪宅名车自然不用说，为了做头发方便，欧昆还给娇妻专门开了一家发廊。各种礼物中，花费最大的是一艘长40米、耗资860万美元的游艇，并以娇妻的名字命名为"西蒙尼号"。

　　以前我的一个经济学教授上课时候提过，男人和男孩儿的区别在于他们的玩具。在欧昆的玩具箱，有他的那艘豪华游艇，除了日常的油费和保养，每年还要花费近100万美元给游艇上的船长和船员。美国的游艇交易不论怎样换手，艇上的员工都要跟着船走，如果没有这些船员，就没有保险公司给这艘游艇上保险。欧昆年轻时候就喜欢玩船，家里有两三艘，有一艘还配了全职船长以满足他长途航行的需求。欧昆还有一个豪华的车队，除了日常驾驶的轿车、越野车，还有兰博基尼、宾利、法拉利这样的跑车，此外他还拥有4辆赛道跑车。

　　除了车、船，欧昆还有3架私人飞机，包括1架里尔飞机，2架湾流飞机。

欧昆还有一架价值80万美元的直升机。刚买到这架直升机时，他还很烧包地给别人发邮件说："瞧瞧，我们的新玩具。"（Check it，our new toys.）

兼并房产金托管

2004年，欧昆还是一名房地产投资商人，在迈阿密拥有一家叫Investment Property of America的公司。公司的名字看着挺大气，但买卖却没多大，主要是投资一些购物中心。他的经营策略是寻找价值被低估的购物中心，收购后改善经营，再以更高的价格卖出去。然而他的经营并不像他吹嘘的那样成功，在他管理下的购物中心并没有什么买家，同时为了维护这些资产还要付出大量现金。资金窘迫的时候，他甚至连保安车辆的油钱都付不起，更别提其他经常性的支出了。压力之下，欧昆开始想办法了。

在美国的房地产行业里，有一种金融机构叫做合格中介（Qualified Intermediary），它是托管卖房资金的一个中介机构，这样的一个机构可以托管几十到几百个客户的卖房款（以下简称QI托管）。这些QI托管机构是由美国国税局（Internal Revenue Service）指定的。当房屋买卖交易完，如果卖房的人把房款放在QI托管一段时间，美国国税局就会为卖方提供税务方面的优惠。对于卖房人来说，虽然没有利息，但税务上的优惠还是让很多人乐意把钱存在QI托管里。所以我们也可以把QI托管看成是一个接纳卖房款的短期储蓄所（见金融注释）。

欧昆愚蠢地认为如果买下这样一家QI托管，就能收获里面的所有资金，干什么都可以。其实正常人都明白，如果你把一辆运钞车买下来，那里面运送的钞票也绝不会是你的。当你买下了一个QI托管时，你实际上买下的只是QI托管的保管权，你只能收相应的保管费却不能动用QI托管里面的资金。

欧昆从银行贷了400万美元，盘下了一家托管了1亿7000万资金的QI托管公司Atlantic Exchange Company。接管以后，欧昆开始非法使用这些资金。为了花到这笔钱，欧昆把他的一个跟班提拔为这家托管机构的首席运营官。然后这个跟班在外面建立了大量银行账户，再把托管基金的钱逐次拆分成小额汇到这些账户里面。最后由欧昆从这些账户里提现或支付花销，就这么简单。托管资金里的400万美元用来还了购买使用的银行贷款，剩下的1亿6600万美元变成了欧昆的"私人存款"。他毫无愧疚地花起了托管基金里的钱，过起了荒淫无度的生活。

欧昆之所以能这样做，是因为他"幸运"地碰上了卖房款托管体系的漏洞：QI托管竟然不受政府监管！在美国，银行储户的钱不能乱动，因为有美联储的监管；基金公司客户的钱不能乱投，因为有美国证监会的监管；可偏偏美国国税局指定的这些QI托管，却没有一家政府机关监管，也没有定期的审计与查账。问题的最关键是：卖房的储户们看到了"美国政府指定"的招牌就彻底相信了这些QI托管，从而失去了防范。就在欧昆用储户的钱大肆买飞机、买游艇的时候，竟然没有一个储户去查自己的帐户。

当欧昆大把撒钱享受生活的时候问题来了，钱花光了怎么办？如果储户提不出钱，就会有人报案。这个时候，欧昆上演了金融诈骗史上的经典套路——庞氏骗局。如果能找到第二家托管机构，就能用里面的钱补上第一家的亏空。有了第一次成功的收购经验，欧昆很从容地买下了第二家QI托管SOS。欧昆马上把钱转给了第一家QI托管的储户，消除了他们的疑虑。贪婪的欧昆自然还是要把钱花在自己身上：动辄几万美元的晚餐、各式各样的豪华跑车、几处千万豪宅。欧昆还把一小部分钱用于房地产投资，结果失败了。第二家QI托管一共保管了1亿1800万美元，很快也被欧昆花得差不多了。

其实欧昆在挥霍第二家QI托管资金的时候遇到了挑战。这家托管的经理不是欧昆的人，也没有被其收买，经过几次查账，他发现了问题，三番五次地质问欧昆，最激烈的时候，两个人还在欧昆的游艇上厮打起来。最后在该经理的坚持下，欧昆签下了一个合同，许诺以后不再用托管资金做其他的投资，并且还清挪用的资金。虽然发现了问题，但这位经理没有选择报案，因为他知道，如果他管理的托管基金完蛋了，所有储户还有他自己家人的未来也都完蛋了。他唯一能做的就是催欧昆尽快还钱。

看到这里，恐怕你也能猜到欧昆为了还钱会采用什么样的手段。是的，他接着搞起了庞式骗局，找到了第三家QI托管基金1031，接着把钱挪为己用。当然，所有的犯罪都会有终止的时候。第三家基金管理者比较警觉，看到欧昆从里面挪走资金就进行了调查。当她发现欧昆的违法行为后，直接跑到联邦调查局在华盛顿的总部报案。破案的过程很简单，联邦调查局先是让线人装着摄像头在欧昆的公司里转了一圈，摸清底细，然后调查了公司和欧昆私人的账户，证据就都有了。其间欧昆曾经想带着老婆和所有珠宝逃跑，但还是在迈阿密的家里被逮捕。

欧昆上亿美元的非法家产被查抄，飞机、豪宅、豪车都被折现拍卖，卖的钱用来偿还给受害者。值得庆幸的是，他盗用资金的70%都被追查了回来。但欧昆在法庭上拒不认罪，他始终相信，既然他管理了这些基金，就有权使用里面的钱，怎么花都行。他说他一直在试图把花掉的钱还上，只是没等还上就被抓了，这是警察的错误，是司法制度有问题的结果。最终法院重判他100年有期徒刑。

分析与点评

　　欧昆之所以能犯下如此重罪，美国政府负有很大的责任。QI托管作为政府指定的托管金融机构，却不受政府的监督控制，让欧昆从容地把托管金转到自己名下任意挥霍。美国国税局只关心托管金的持有者交不交税，却从不关心资金的去向。当欧昆以400万美元的贷款买下托管1亿7000万美元的托管基金时，既见不到美国国税局的身影，也见不到任何白领犯罪调查人员的影子。其实托管基金和储蓄所都一样，可以看作是存钱罐。本来欧昆买来的只是罐子，不能动罐子里面的钱。可惜的是，虽然美国的银行监管非常完善，但托管金监管却是空白。只要能逃离监管，轻易地收购转账，就会有钱被盗走。其实欧昆的手法并不高明，只是简单的庞式骗局，甚至连他的律师都警告他这是犯罪，他的选择是解雇这些律师，接着干坏事。

　　只有托管金的管理者可以看到托管金的账目及去向。可惜前两个管理者，一个被收买（后来判了5年），第二个只想要自保，只有最后一个人挺身告发。设想一下，如果所收购基金的管理者都是欧昆买通的人，后果会怎样？

防范指南

在中国，为避免类似的欺诈案件，在房地产买卖交易时，房款的托管业务必须交给如中国工商银行这样有信誉有保障的规范机构。一般的私募资金不会有这样的资格。如果有一天政府机关（如国土资源部或房屋管理局）真的指定了一些资金托管公司供你选择，也不要忘了多加谨慎，一定要查清楚这些托管公司是否真实，是否在银监会的信托名录内，是否受到银监会的监管，相信这些信息都是很容易查清的。

如果你手里的钱跟买卖房产无关，但还是需要托管，你可以选择合法正规的信托公司。在中国，银监会明文规定，"信托投资公司因管理、运用和处分信托资金而形成的资产不属于信托投资公司的资产。"在这个意义上，中国的相关法律体系是完善的。为避免欧昆案发生在中国，投资者选择信托公司时应该调查信托公司的合法性，看其是否在银监会的名录下面。

金融小贴士
Financial Notes

● QI托管

合格中介机构，是房地产买卖资金的托管机构，由美国国税局指定。在美国卖房子要是赚了（好比买时候10万，卖了20万）要马上交资产增值税。你要不想马上交也可以，但要做两件事，一要在指定的QI托管放45~180天，二要在这段时间内把你卖房子的钱用于再投资买第二套房。等你第二套房子卖了，第一套房子的资产增值税和第二套房子的在一起算。这种操作的结果肯定就是延缓交税，它还可能让你少交税：如果第二套房子卖亏了，第一套房子的税就会少交一部分。这种政策是为很多快要退休的人设立的，很多美国人退休了，六七十岁行动不便，想要大房子换小房子。卖大房子的时候要交房产增值税，只要把钱存在QI托管180天，然后再去买小房子，这个税就可以不用马上交，如果你小房子住到死，这个税就一辈子不用交。类似美国QI托管的金融机构在中国是没有的。因为在中国买房卖房，税款应该及时交付。中国的国税局、地税局不太可能另设一种投资机构来延缓税款的交付，本身显得多此一举。如果想在美国买房炒房合理避税，QI托管会很重要。

股市谍报战——
华尔街内幕交易连环案

┌─── 关键词 ───┐

内幕交易

公司收购期权

交易大数据分析
└──────────────┘

这一章讲的是2007年在美国查出的一桩华尔街内幕交易案。当时美国的监管和执法都说这桩案子是历史上最有影响力的内幕交易案，案件里涉及很多著名大公司的收购事件，犯案的手法前所未见，犯案人员背景也都很复杂。在破案过程中，调查人员非常聪明，办得相当漂亮。虽然在这之后华尔街还有很多其他内幕交易案，数额更大，判刑更重，但都没有这桩案子的情节那么曲折。

学霸的朋友圈

案件的两个主角不是土生土长的美国人：一个叫大卫·帕新（David Pajcin），来自克罗地亚；一个叫尤金·普劳金（Eugene Plotkin），来自俄罗斯。他们两人岁数都不大，犯案的时候都只有20多岁。

帕新和普劳金本来互不认识，但他们从小都有发大财的梦想。可能是因为出身都比较贫穷，而且还都赶上了苏联解体和东欧剧变，一种不安全感伴随着童年，所以都渴望通过财富改变命运。他们都勤奋好学，帕新是名校的尖子生，普劳金毕业于哈佛，专业都是金融。毕业后，他们如愿以偿地进入到薪资丰厚的华尔街工作。

帕新和普劳金相识于金融行业里薪资水平最高的高盛公司。因为都是东欧老乡，再加上社会主义国家长大的孩子思维方式也比较相像，他们两很快就成了好朋友。其实毕业后能直接进入高盛工作，拿到6位数的薪水，已经是很好的励志故事，可他们并不满足于现状。

帕新最先从高盛辞职，跳出来自己单干。他凭借以前证券分析和交易的经验，到了一家小公司谋求发展。不过他的发展并不顺利，也没赚什么钱。普劳金在高盛也没闲着，白天上班，晚上在家搞点私活，自己做做交易什么的，也是不好不坏。现实的状况让他们很不满意，想来想去，为了发横财，就只能踩红线走违法道路，而唯一可行的就是内幕交易。

要想做内幕交易，就需要有人给他们输送内幕情报，需要朋友圈里有人愿意同流合污。正巧在以前的一次招聘活动中，普劳金认识了一个即将毕业的金融系学生。这个人用他们院长的话说是个star student（明星学生）。普劳金认识这位朋友以后，知道他有投资价值，就帮他申请工作、准备面试。这个朋友也很争气，一毕业就到了著名的美林证券（Merrill Lynch）工作，专门从事公司收购业务。

公司收购是非常能影响股票价格的事件。只要收购的消息一公布，被收购公司的股票就会立即上窜，几天时间的平均涨幅能达到20%。谁要是能在消息公布之前得到相关情报，肯定能挣钱。普劳金在美林工作的这位朋友，手上肯定有关于收购的相关情报。普劳金和帕新就做他的工作，把他拉到了内幕交易的朋友圈里。

洗澡堂里坦诚相见

香港电影《窃听风云》讲的就是内幕交易，警察把窃听器装在怀疑对象的电话里，专门收集透露公司内部信息的证据。在真实世界里抓内幕交易也是这样。2009年美国历史上判刑最重的内幕交易案拉杰·拉贾拉特南（Raj Rajaratnam）案中，警察就是靠窃听掌握证据的。他的电话录音被当成了呈堂证供，一点狡辩的余地都没有。

为了躲开窃听，帕新、普劳金，还有他们在美林证券的好朋友约在了一个云雾缭绕的地方：洗澡堂。在人种繁杂的纽约城，也会有俄罗斯澡堂，其构造和中国北方的洗澡堂是一样的，有大池子，有小池子。摆脱了摄像头和窃听器的困扰，大家脱光衣服，不用纸和笔，一切谈话都没有记录。每次酝酿内幕交易时，帕新和普劳金都会约在洗澡堂会面。他们的朋友都会把美林证券经手的各大交易泄露出来：收购公司是谁、收购对象是谁、收购多少股权、大概什么时候收购，最关键的，以每股多少钱收购。帕新、普劳金认真听认真记，英语和斯拉夫语不时切换一下。洗澡堂哗哗的水声掩盖着他们的交谈，别人专心洗澡，谁也不理会谁。如果不是他们后来招供，这些交谈就彻底不为人知了。

印刷工人来电

帕新搞内幕交易的点子最多，很多办法都是他想出来的。除了盗取美林证券的情报，帕新还找到了一个办法，就是从财经媒体那里获得内幕消息。他知道很多投资人都是靠读财经新闻来获取信息，进而进行投资的。要是赶在新闻出版之前把消息盗出来，一定也能大发一笔。

为了成功窃取新闻，最关键的还是要布置内线。帕新和普劳金的套路是这样的：他们先到一个和58同城类似的网站登广告："寻求印刷工人，回报不菲。"有的印刷工人看到广告就联系上了他们，他们就在纽约的一个广场初步面试一下，看看工人能力行不行，会不会听话。筛选过后，再把选定的工人约到澡堂赤身裸体地"会晤"。他们告诉工人："招你不是为了我们自己印东西，而是要把你安插到财经新闻的印刷厂房里。你所做的，就是定时把一些重要文章的内容告诉我们。"

最后这个工人按他们的指示申请到了一份工作，在《商务周刊》（*Business Week*）的印刷厂房里工作。《商务周刊》是美国一个很有影响力的杂志。这个杂志读者很广，很多读者会根据《商务周刊》提供的消息买卖相关股票。杂志里有一个专栏叫"华尔街内幕"（Inside Wall Street），专门报道华尔街公司收购的大事件，正是帕新和普劳金最想要的。

每当杂志刚印出来还没有进入零售渠道，甚至纸张还是热乎的时候，那个印刷工人就把最关键的文章找出来，在电话里读给远在千里之外的普劳金和帕新。收到情报后，普劳金和帕新马上建仓买入股票。等杂志发行，股价上涨以后，他们再顺势卖掉股票挣钱。帕新和普劳金对工人许下的酬劳是每篇文章500美元~2000美元，每个月大约5000美元，比印刷厂的正式工资还要多。他们知道只要出高价，就能保证这个工人源源不断地输送信息。

"绅士俱乐部"的情报员

纽约有很多风月场所，提供一些类似陪酒、脱衣舞的半色情服务。帕新在高盛工作的时候经常出入这些场所。他认识了一个脱衣舞娘，同样来自克罗地亚，后来两人还成了男女朋友。这个女友一直在一家名叫"绅士俱乐部"的高档会所工作。顾名思义，"绅士俱乐部"的意思就是说只为男人服务。帕新发现这里的很多常客都是华尔街员工，分别来自投资银行、保险公司和债券评级机构，经常手握重要的市场信息，是内幕信息的好来源。

为了搞到内幕信息，帕新想到了"美人计"。他鼓动他的女朋友，陪酒的时候多和客人说话，问问业内行情，不管是好消息还是坏消息，越具体越好。帕新还训练他的女友怎么用金融专业词汇去套客人的话。后来帕新还发展他女友的姐妹加入进来，扩大信息来源。

其实这套"美人计"并不怎么奏效。这些美女的文化层次并不高，平时关注名牌首饰，突然谈论金融，肯定引人怀疑。再加上华尔街的人都很警觉，知道信息就是金钱，真正中招的客人要么就是职务不高，信息没什么影响，要么就是说一些圈内皆知的消息。

不得不说，为了搞内幕交易，帕新还是很能搞创新的。以前有把股票信息当做嫖资的案件，但像帕新这样利用美色主动套取信息的还没出现过，美国监管部门的执法人员都感叹前所未闻。

收购锐步

帕新和普劳金各显其能，从各种渠道搞来了很多内幕信息。这些信息都是当年公司收购合并的重磅消息。如宝洁公司（P&G）收购著名刮胡刀厂商吉列（Gillette），大药商诺华（Norvatis）收购Econ实验室，安进公司（Amgen）收购巨头新基（Celgene）。这些公司，不管是收购的还是被收购的都是美国各行各业的领军企业。一般一家公司要想收购另外一家优秀企业，都要付出高价，这个价格会相对被收购企业的股价有20%~80%的溢价，这些收购事件也因此会在一两天时间内导致股票价格的大幅增长。帕新和普劳金通过提前获得这些信息大发横财。

这些公司收购中影响最大的，当属2005年德国运动厂商阿迪达斯（Adidas）收购美国的竞争者锐步（Reebok）。这个收购让阿迪达斯实力大增，把同为竞争者的美国耐克（Nike）公司甩在身后。收购消息一经公布，被收购的锐步公司的股票一天之内就上涨了33%，在中国相当于三个涨停！

锐步收购是被金融界熟知的一件大事，并不是因为公司很有名气，也不是因为股票价格变动剧烈，或者收购人有多么不同凡响，更多是因为收购时发生的大量内幕交易。而内幕交易的罪魁祸首就是帕新和普劳金。

公司收购要有投资银行参与，负责估算被收购公司的价值，制定收购价格。猜猜参与收购的投资银行是哪一家？对了，正是帕新和普劳金的好朋友工作的美林证券。这个好朋友工作的部门经手收购的所有细节。早在收购还在酝酿的时候，有关信息就被传递给了普劳金他们。在这次内幕交易里，经验丰富的帕新和普劳金并不单单只购买锐步的股票，还大量采用了期权交易，从而获得数倍于股价上涨的利润。

通过交易锐步的股票和期权，帕新和普劳金一下赚了600多万美元。当时他们买卖的期权量非常大，竟然占了锐步公司期权交易的80%！这个比例显得很不正常，被期权交易所报告给了美国证监会。虽然帕新和普劳金熟悉各种交易套路，但还是由于过于贪婪，露出了狐狸尾巴，导致美国证监会对他们展开调查。

亲戚朋友的9个账户

证监会在调查中发现，这笔大规模的期权交易都出自同一个账户，而这个账户不属于任何金融业相关人士，而是一名远在克罗地亚已经退休的缝纫女工。这位克罗地亚大妈是帕新的姨妈，她的账户是帕新建立的，那些大规模期权交易就是帕新用她的账号在纽约完成的。然而这些情况当时证监会的调查人员并不知道。调查员只知道这个大妈没有最基本的专业教育，也没有任何证券交易经验。如果没有内幕消息，她不可能一枪命中。

调查人员已发现这个账户的交易是在纽约进行的，所以大妈肯定跟纽约有联系。

直接飞到克罗地亚去调查这个大妈有些困难，于是调查员开始查找其他可疑的账户。结果发现所有靠着收购锐步赚钱的账户里，包括克罗地亚大妈的账户在内，一共有9个账户的交易都是在同一台电脑上操作的。奇怪的是这9个账户的所属人背景各不相同，有出租车司机、垒球队员、邮差，有的甚至远在德国。显然，这9个账户是同一个内幕交易者的傀儡账户。调查员也查到，操作这些账户所用的电脑IP地址在纽约。但这电脑究竟是谁的，还无法知道。

在那9个问题账户里，其中有一个账户属于帕新的脱衣舞女友。因为她身在纽约，所以调查人员就把她当作突破口。问讯过程中，此人承认她完全不懂股票交易，并且供出了男朋友帕新，说所有交易都是帕新指挥她在做。调查人员还得知帕新有个姑妈在克罗地亚。这些关键线索，直接证明帕新就是交易的策划人之一。

聪明的调查员

既然证监会的调查人员发现了帕新在幕后做手脚，是否现在就可以抓他？还不行。因为还没有确凿的证据证明这是一桩内幕交易，也不知道帕新的内幕信息源自何处。帕新完全可以说自己做了很多功课，洞悉市场行情，准确预测了收购事件，以此来逃脱罪责。想要定罪，还需要更多的证据。

在调查过程中，证监会发现这9个账户除了交易了锐步的股票和期权以外，还进行了其他一系列的交易，一共23笔，也全都涉及公司收购。而这些公司的收购，很大部分都是由美林证券进行服务的。这样推断，美林证券里肯定有内鬼往外界透露信息。但问题是在美林证券工作的人很多，短时间内要想挖出这个内鬼基本不可能。所以这条线索只能暂时搁置一下。

调查员进一步通过软信息（soft information，指出现在新闻报纸上的文本信息）文本挖掘发现，这9个交易账户的很多交易都与《商务周刊》的专栏有关，特别是这些账户每次都选在杂志发行前的一两天进行交易。很显然，周刊内部有人泄密。

调查员直接到了《商务周刊》的印刷厂，翻查那里工作人员的通信记录。调查员发现每当杂志发行的前一天，有个印刷工人就会给纽约的两个号码打电话。这两个电话，一个属于嫌疑人帕新，另一个联系到了普劳金。调查员接着发现9个问题账户中的1个很可能属于普劳金的父亲。到这一步，证据确凿，可以抓人了。他们先扣押了印刷厂的工人，然后去抓帕新和普劳金。

审讯

早在证监会刚开展调查的时候，帕新就收到了风声。三十六计走为上，他逃到了中南美的一个岛国去避风头。他逃走的时候，证监会手上的证据还不充分，帕新也没有犯罪前科，因此没办法限制他出境。普劳金一直没有逃，因为他自信自己的交易比帕新做得更隐秘，不会被发现。

帕新逃走了，普劳金还在，那是不是先抓普劳金呢？还不是。如果普劳金先被捕，帕新知道后就不会再回美国，永远逍遥法外了。何况帕新在内幕交易案中更活跃，罪责也更大。

为了让帕新回美国，证监会采取了釜底抽薪的办法：冻结帕新的银行账户和所有资产。这样帕新存在美国的钱花不了了，身处异国只能靠现金度日。现金越花越少，帕新开始绝望。证监会这个时候给帕新发了一封电子邮件，让他回美国到证监会来作一下证词（deposition）。作证词和逮捕不一样，作证词更像是温和的问讯，只要你的证词解释合理，就可以摆脱嫌疑。这令帕新放松了警惕，他决定回到美国，因为也只有这样才能解除对他存款的冻结。可他哪里知道证监会已经掌握了足够的证据让他入狱！

帕新回到美国，到证监会总部接受问讯。他知道自己被怀疑是因为收购锐步时做的交易，因此做了很多功课，编了很多故事来证明自己的交易不是内幕交易，而是通过公共信息准确预测得来的。关于收购锐步这桩案子的问询一共持续了8个小时，帕新的解释毫无破绽。正当8小时过后，帕新志得意满的时候，审讯员突然拿出一摞《商务周刊》杂志，摆在帕新面前。帕新根本就没料到证监会能发现他在《商务周刊》干的事，一下子傻眼了，额头出汗，说话也开始吞吞吐吐。审讯员把每一本杂志都翻到了刊登公司收购消息的那一页，问他是不是参与了内幕交易。帕新只能说不，也没有别的回答。

问讯结束后，帕新被逮捕了。

囚徒困境

帕新知道他在劫难逃。摆在他面前只有一个问题，招不招？招了，他不仅自己要坐牢，而且还会连累姑妈、女友和其他参与的亲戚朋友。不招，抗拒从严，都查出来以后肯定判得更重。如果内幕交易的策划人里只有帕新，他还有很大选择空间的，可以衡量利弊，招一些事情，隐藏一些事情。但是这里面还有普劳金，如果证监会能从《商务周刊》找到帕新，就一定也找到了普劳金。也就是说，普劳金也会同样被抓，同样受审。这个时候帕新在考虑，如果普劳金被抓，会不会供出自己？因为自己是主谋，如果对方把自己供出来就是将功补过。

帕新不想把牢底坐穿，而且他的这个同谋也不是至亲骨肉，没有必要把事情都扛下去。按照美国的司法制度，先招供的人判的会轻一些，如果再当上污点证人，指证别的罪犯，判刑就会再轻。著名的"华尔街之狼"贝尔福特（Belfort）就是因为指证了100多个跟他一起犯罪的人，虽然罪行严重但最后只判了三年。背负着巨大的心理压力，加上从轻发落的实际考虑，帕新最后选择了招供，一五一十交代了所有的内幕交易细节，包括证监会没法查到的美林证券的内线。

帕新供认不讳并不是因为严刑逼供，而是出于合谋囚徒被分别审讯时的正常心理。按照经典的博弈理论，罪犯为了保护自己，都会选择坦白，指证同谋，这就是所谓的"囚徒困境"。

随后，证监会逮捕了普劳金，在他上班的路上，把他从宝马车里拽了出来。普劳金找了最好的律师为他辩护，声称自己跟帕新不熟，跟他的内幕交易也没有关系。但在强有力的证据面前，普劳金最终只好伏法认罪。即便如此，普劳金还是把责任都往帕新身上推。同为囚徒，普劳金也懂得指证同谋，保护自己。

最后法院对他俩各判四年有期徒刑。这个量刑对帕新略轻，虽然他是主谋，但是提前招供，指认其他罪犯，所以从轻发落。从犯普劳金因为一开始拒不认罪，所以判得相对较重。后来帕新靠律师活动，说自己在案件中有立功表现，进一步获得减刑，最后他只是在看守所待了一段日子，并没有进监狱正式服刑。普劳金在关押期间也想找人活动，他的父亲还想拿钱保释普劳金出来，但普劳金爸爸也是内幕交易的参与者之一，他的钱不能作为保释金，所以普劳金就只能在牢里乖乖待着了。

帕新和普劳金在美林证券的朋友，因为提供内幕信息被判三年。帕新和普劳金的场外代理，那9个账户的亲戚朋友，也都作为内幕交易参与者站在了被告席。帕新的姑妈和女朋友，都声称不知道自己账户的交易是内幕交易，自己是被操控的无辜者。但从法律上讲，不管知不知情，只要是内幕交易的参与者和受益人，就已经参与了违法行为，都会受到惩处。

点评与防范

✿ 内幕交易的性质

每一笔内幕交易都是一场骗局，欺骗的不是个别人或个别公司，欺骗的是监管市场的政府。政府的职责是保护整个股票市场上的所有股民，而靠欺骗政府进行内幕交易就伤害了全体股民的利益。内幕交易是一种不公平交易。对于少数人来说，获得公司内部的消息非常容易，把这种优势通过股票交易变成钱也非常容易。内幕交易者通过他们的先知先得，自己多赚了钱，让别的股民少挣了钱，侵占了他们的盈利空间。这种不公平交易就好比是偷税漏税，结果就是给其他诚实的纳税人增加了负担，也让社会得到的福利减少。如果不去打击内幕交易的话，越来越多的人就会参与进来。如果让内幕交易泛滥的话，诚实理智的股民为避免被欺负，就会纷纷撤出股票市场，最后整个股票市场就会烂掉。

✿ 内幕交易的定义

内幕交易是这样定义的：

1. 还没对外界公布的信息：只要公司没宣布，或媒体没有报道，就不是公开消息。

2. 从上市公司或相关集体内部获得的消息：内部消息的来源不光是某上市公司，也可以出自跟这家公司相关联的券商、媒体机构、投资银行、政府机构等等。如果通过任何一家机构内部获得信息，进行股票交易，就是内幕交易。投资人可以合法地通过实地考查，获得有价值的情报，只要不偷、不抢、不擅闯、不侵犯隐私，怎么调查都可以。

3. 以内幕消息进行股票交易：如果你只是个金融爱好者，收集一些内幕消息或把内幕消息公之于众都不违法，但是你不能根据内幕消息去买卖股票，也不能找别人帮你买卖股票。好比说我叔叔是中钢集团的干部，我常常跟他聊公司的一些事儿，但是如果我或我同学去买卖中钢的股票，就会有给我带来内幕交易的嫌疑。

4. 怎么能最后敲定一桩内幕交易呢？要看是否从中获利。如果我叔叔告诉我一个中钢集团的利好消息，比如这个月他们铁矿石卖得特别好，而且这个消息还没公布。要是这时我购买了中钢的股票，等过些天消息出来股价上去了我再卖掉，那就是板上钉钉的内幕交易了。在本章案件里，帕新和普劳金搞来的内幕信息是对公司股票非常有利的收购信息，他们的交易是买进公司的股票和看涨期权，从中获利。这就是典型的内幕交易。

✿ 内幕交易的雷区

美国的社会风气历来主张财产私有，而且比较注重隐私。像内幕信息这种可以套现换钱的资源，一般人都会死死地看守，不随意分享。如果你套取内幕信息，那就像是从别人身上拿钱一样。这种观念还是有助于防范内幕交易的。

帕新和普劳金都出生在计划经济体制下的东欧。那个时候东欧的经济体制还是财产集体所有。大家平日共享各种生产资源、生活资源，还有信息资源。也许在他们眼里，内幕消息就应该拿来分享。虽然内幕交易是违法的，但他们不认为这就是错的。

这种观念也同样流行于中国，有很多人对待信息，甚至是内幕信息的态度好像就是一辆自行车，谁都可以骑一下。所以为了杜绝内幕交易，要彻底改变这种公有观念。国家一直在做的，是宣传内幕交易的法律后果，让人人知道这是一种刑事罪。

对付内幕交易最有效的办法还是要严惩。从表面上看，内幕交易和买票插队差不多。但实际上判罚内幕交易可比买票插队严厉很多。不管在美国、英国还是中国，内幕交易都属于刑事案件，和抢劫、强奸一样，抓到是要坐牢的。只要是因内幕交易受审的就没有无罪释放的，抓一起判一起。内幕交易团体里的一串人，从公司内鬼到传信人到交易员到最终获益人，都会开庭受审，追究刑事责任。

内幕交易后果很严重，但离我们很近，也很容易发生。为了避免违法，不光我们平时交易股票不能靠内幕消息，而且当我们自己有内幕消息的时候，也不能随意告诉别人。笔者有个同事曾经是一家上市公司的财务总监，每次公司遇到收购这样的重大事件，他都会把手机关机一段时间，谢绝任何人的询问。因为只要他一说话，就算是传达了内幕消息，即便他说的是别的事情，只要有手机通话记录，就会惹上内幕交易的嫌疑。

✿ 办案时的数据分析

本章所讲的华尔街内幕交易案，是用数据分析的方法，借助电脑强大的运算能力告破的。调查人员正是通过数据分析，发现了非正常交易，挖出了相关账户，找到了各个账户的关联，并最终找到嫌疑人。这是早在2007年的事情，由此可以看出，在当时大数据分析已经具有的强大功能。

虽然最后案件告破，但是这几个调查的步骤并不是在一个整合的系统里进行的，而且每一个步骤都存在风险，可能导致最后案件无法告破。

第一个问题，嫌疑人不是美国证监会自己发现的，而是靠费城期货交易所的举报。也就是说如果不举报，嫌疑人有可能会漏网。为了鼓励举报，美国证监会专设了一项350万美元的资金用来奖励举报内幕交易。在中国，举报系统也是完善的。中国证监会在各地的证监局也都有接受举报的职责，而且民众也可以在证监会的举报网站上直接举报。但是无论如何鼓励举报，都不如监管部门自己能在第一时间发现。

第二个问题是参与内幕交易的人身处世界各地，超出了美国的司法范围，这就给调查抓捕带来很大困难。为了寻找进一步线索，美国调查人员只能在美国国内寻找这些外国嫌疑人的亲戚朋友。值得庆幸的人，这次内幕交易案的策划人就在美国国内，所以才能最终抓获。如果这些元凶也同样不在美国，那破案就非常困难了。

第三个问题是证监会要是想找到可疑的账户，还要从证券交易所和券商那里再调出信息，这些单位都是私有公司，非政府管辖，要下搜查证，券商才能配合调查人员登陆交易的数据库。申请审批调查证又要费一番功夫。这个问题一直到2013年，证监会建立了市场数据分析系统才基本得到解决。

第四个问题是身份的识别。在美国没有身份证联网系统，所以就出现了一个人在不同的地方和不同的人领结婚证的案件。这个问题体现在股票市场里，就是一个人可以通过多重身份进行交易，却不被查询出来。

所以要真正做到完善的数据监管体制，监管部门自己一定要拥有一套数据采集体系，而不是依赖分散的券商提供数据。体系中的数据要能记载所有的交易信息、所有公司事件，并且把每次交易都能追踪到交易人身上，并能联系到相关的公司事件。在调查过程中，还要能及时查出嫌疑人的生活工作各方面数据，比如工作单位、生活圈子、出行信息、通信记录等等，才能更有效地建立证据链条，抓获嫌疑人也就更容易。

在中国，证券交易采取实名制交易，股票账户通过实名制又连接到了公安部的身份证管理系统。这样就给立案后的侦查提供了很大便利。而且，买卖A股只有中国公民在中国境内才可以，根本不存在找国外代理逃脱罪责的可能。所以在中国进行内幕交易的罪犯更容易落网。

✿ 大数据监管系统

早在2001年，中国证券登记结算有限公司（简称中登公司）成立。这家公司由中国证监会主管，上证交易所和深证交易所共同持有股份。中登公司的职能是管理全国所有股票交易账户的信息，也是中国唯一一家具备这样功能的公司。公司的中央数据管理系统记录了中国每个股民注册账户、管理账户、转款结算、交易订单等所有信息。就像是一个超能显微镜一样，能看到每个人、每一笔股票交易，甚至是每一笔订单提交、修改、取消的具体信息。这样一来，整个股票市场的一举一动都在证监会的监控之下。任何不正常交易，都会在数据库中显示出来。

有了这套完整的大数据库的支持，就可以进行详尽恰当的分析。在分析内幕交易的过程中，主要注重这几项：第一是资金账户的异常表现；第二是这些表现和上市公司重要信息发布有没有联系；第三看这些异常账户之间是否有所关联，就是看账户所有人的工作环境、生活圈子是否和涉事公司企业有所关联。当然这里面还有一些其他统计学上的手法，就不展开讲了。

相比之下，美国政府的起步就要晚很多。一直以来，美国的证券交易的数据管理都是松散的，由各大交易所负责，这些交易所也都是私有的，非政府所有。一直到2010年，美国政府才开始酝酿成立一个类似中登公司的整合审计系统（Consolidated Audit Trail），用来统筹美国境内所有的证券交易。经过一番漫长的申请过程，这个提议终于在2016年11月得到批准。但这个计划的实施并不会容易，系统的复杂性，各大投行和证券公司的反对，以及政府的财政问题都可能导致计划的最终失败。

2016年，中国证监会的这套系统发现违法违规有效线索600多件，系统的有效程度可见一斑。同年破获的人大教授宋常内幕交易案，以及夏雪等人的"平潭发展"股票案，都是依靠大数据分析找出的线索。

2017年2月26日，中国证监会主席刘士余讲到："在计算分析技术，特别是大数据、云计算广为运用的今天，资本市场上任何行为都是有数据记录的。这些线索，无论历史的还是当下的，我们都会盯住不放。"

——金融小贴士——
——Financial Notes——

● 期权交易

　　期权目前还没有在中国股市上推广，在这里简要介绍一下。期权就是在未来以特定价格交易资产的权利。在消息出来前，普劳金购买了锐步的看涨期权（call option），有了这个期权，普劳金能在日后以42块钱买入锐步的股票。等消息出来以后，普劳金行使了这个权利，以期权里的42块钱价格买入锐步股票，这个时候消息公布让锐步的市价大涨到了57块，高过了期权里定好的价格，普劳金再把用期权买来的股票按市价去卖，这样每股就赚到了15块钱差价，两天一共赚了600万美元。

不安的安然——美国公司史上最震撼诈骗

———— 关键词 ————

会计造假

安然帝国的兴衰

安然公司的兴衰正应了中国一句古话"其兴也勃，其亡也忽"。安然原本是一家通过合并、成立于1985年的天然气公司。从1985年成立到2000年轰然倒地，短短15年时间，安然这样一家地方性天然气公司，以火箭般的速度崛起，成为和通用电气、美孚、壳牌等百年老店平起平坐的商业巨擘。公司的销售收入在从1990年的59亿美元迅速上升到2000年的1008亿美元。与此同时，净利润从2亿美元增长到了近10亿美元。到2000年，安然已经在《财富》杂志的"世界五百强"评选中位列第16名，连续6年被授予"最具创新精神公司"称号。

就是这样一家成功企业，竟然被2001年10月22日一篇发表在《华尔街日报》的文章所击倒。这篇文章列出了可信证据表明，安然至少隐藏漏报了34亿美元的负债，直接导致美国证监会于当年10月31号启动针对安然的调查。仅仅过了一个星期，安然就承认通过做假账，在1997到2001年期间虚报了5.86亿美元利润，而且隐藏了巨额负债。事实上，安然虚报的利润可能远超过其所承认的。

眼见大厦将要倾覆，安然公司急红了眼，想通过在金融市场上投机国债和石油来最后赌一把。结果天不遂人愿，在石油和国债市场上的赌注双双造成巨亏，使得公司处境雪上加霜。最后唯一的选择是被兼并。然而屋漏偏逢连夜雨，就在谈判将要成功之际，由于财务造假的消息不断发酵，买家最终望而却步。安然公司的信用评级被下调到垃圾级别，使得公司不可能再借到一分钱。2001年12月2日，公司市值由峰值时的800亿跌到不到2亿美元，股价从超过90美元暴跌至40美分，最终申请破产。短短一个半月，一个世界五百强企业竟然灰飞烟灭，成为美国公司史上的一个重大事件。

安然的明星发家史

安然公司其实也不是一开始就以诈骗起家，它确实是通过创新获得的第一桶金。安然公司成立之初，它的主要资产是3.7万公里的州际天然气输送管道。那个时候美国能源市场高度管制，公司只能根据政府指令来进行采购和销售天然气。但是，在董事长肯尼斯·莱（Kenneth Lay）的努力下，美国政府最终放松了能源市场管制，使得安然可以通过它的管道网络造就了一个天然气现货交易市场。天然气批发商可以从全国任何一个天然气生产商那里买到廉价天然气，然后通过安然的管网贩卖到任何需求方那里。除了撮合交易，安然自己还成了天然气交易的做市商，任何供需双方都可以和安然直接交易。可以想象由于具有信息优势，安然在交易的过程中获得的丰厚利润。由于这样一项巨大创新，使得安然在20世经90年代初一举成为美国最大的天然气公司。安然不满足于这样的成功，又通过收购电网复制了天然气网的成功，一举成为了世界上最大的天然气和电力批发做市商，把自己从基础设施的"运营者"身份转变成了"交易者"。

更进一步，安然引入了其他各种复杂能源市场衍生品交易。安然不仅交易现货天然气和电力，而且交易未来的电力和天然气，甚至曾经设想交易未来的天气状况。比如，如果未来一段时间的平均气温降低到多少度以下，交易的一方赢并且获利，反之交易的另一方取胜并获利。随着这个合同的执行，每天的气温不断改变，双方获胜的概率也随之改变，要想预测双方的胜负情况非常困难。由于安然介入了大量这种难以提前判断盈利情况的衍生品合同，一般的股票分析师难以搞清安然所从事的大量交易是否获利或者亏损，为安然后来的诈骗行为埋下了伏笔。随着安然越来越深入地参与到复杂金融衍生产品的交易中，潜移默化间公司由一家传统的能源企业，实质上转变为一家对冲基金。而且公司的文化也变得越来越激进、自大、傲慢，藐视一切规则，认为自己是世界上最聪明的。

安然在经历了早期成功后，为了能够快速实现进一步增长，就必须不断推出新的商业模式。但是找到成功的商业模式谈何容易。于是公司开始给投资者讲故事。当新兴市场经济体表现良好、增长强劲的时候，安然为投资者描绘了印度经济巨大潜力的诱人前景，同时告诉投资者印度最缺的是能源，而能源恰恰是安然的老本行，因此安然在印度投资兴建发电厂必然取得成功。事实证明，安然在印度兴建电厂的决定是个巨大的失败，因为印度居民当时根本无法承受高昂的电价，安然的印度神话以亏损10亿美元黯然收场。之后，安然又提出提供按需点播电视节目等一系列全新理念。凭心而论，安然提出的很多理念和商业模式事后看确实是有眼光的，如果细心耕耘，假以时日确实可能会取得巨大成功。但是，当安然提出这些点子的时候，商业模式和技术还不成熟，这些点子的目的不是为了实现盈利，而只是为了支撑安然股价而做的面子工程。

面子工程要想长期维持下去，必须要有里子与之相称。一个公司的里子就是它的盈利能力。安然在对资本市场夸下海口、抛出一个个令人耳目一新的概念以后，势必要能够实现与之相称的利润增长。如何实现持续性的利润增长，成为令安然高管们夜不能寐的难题。没有人知道从什么时候开始，安然走上了欺诈的邪路。开始可能只是稍微装点一下门面，实现某个季度的利润增长，但就如老话说的那样"为了圆一个谎，必须说更多的谎"，安然已经无法停下，开始它日益庞大的欺诈和造假活动。下面就让我们看看安然诈骗和造假的手段。

操控电力交易市场获取暴利

很多加利福尼亚州的美国人都对于2000年~2001年发生的电力短缺危机记忆犹新。事实上，正是那次危机促使当时的加州州长戴维斯下台，"终结者"施瓦辛格当选为新一任加州州长。在2001年初，加州能源危机达到顶峰的时候，该州的电价为每兆瓦时300美元，是正常时期的10倍。加州共计损失了250亿美元。安然当时是加州最大的电力公司，控制该州1/3的电力供应，它积极推动促成了电力系统的市场化。在电力改革之前，电价由政府规定，电力改革的目的是让市场供需关系来决定价格。由于电力市场的特殊性以及市场化改革设计的诸多缺陷，使得这项改革成为了安然公司获取暴利的机会。莱曾嘲笑加州政府："说到底，你们这些疯狂的加州人怎么做都没用，因为我有很多聪明的人能够从中找到挣钱的办法。"安然的交易员设计了各种策略，充分利用电力交易市场机制设计的漏洞进行套利。比如，安然交易员由于了解加州的电力供给和需求情况，会大量提前预订某条电力传输线，然后迫使需要使用这条传输线的地区以高价从安然买回这些传输能力。毕竟电力是一种刚性需求，没有人和企业可以忍受长时间断电的痛苦。再比如，为了进一步扩大利润，安然竟然指示自己控制的部分发电厂故意停机检修，人为制造电力短缺，操纵电价获取暴利。事后披露的安然交易员对话录音显示了这些交易员的肆无忌惮，比如在一次操纵价格得手后，一个交易员得意地说："以这种速度，我们在30岁以前退休是轻而易举的。"最终，在加州电力危机中，安然攫取了超过20亿美金的利润。这是躲在创新背后赤裸裸的野蛮抢劫。

会计造假

美林证券突然在1999年第四季度购买了安然在尼日利亚的4艘平底驳船。美林证券是华尔街著名投资银行，没事到尼日利亚去买什么驳船呢？难不成要搞运输？其实，这是因为安然1999年的盈利没有达到标准，只好通过高价变卖资产来增加收入。等到几个月之后，也就是1999年财务报表提交完毕后，安然又以更高的价格把这几艘船买了回来。这个交易本质上就是美林证券以购买驳船为掩护，向安然放出一笔贷款，帮助安然在年底需要发布年报的时候制造虚假利润。在贷款到期后，安然通过更高的价格把驳船买回，完成对于美林的还本付息。安然以牺牲长远的利益掩饰了短期的业绩表现，从而使公司股价得以创造新高。但是到了下一年，除非公司业绩有大幅改善，不然为了维持虚高的业绩以及支付给投资银行的利息，安然需要使用更复杂的手法借入更大规模的债务。一旦进入这个恶性循环，就如吸毒一样很难戒除。

事实上，安然把这样的造假手段发展到了登峰造极。它直接控制了3000多家空壳公司，这些公司的唯一目的就是利用法律空当通过借钱来粉饰安然公司的业绩。这些空壳公司没有任何实际的业务，它们借到的钱，通过类似尼日利亚驳船的关联交易被转化为安然公司利润，但是由此产生的负债被留在了这些空壳公司。当人们看到安然公司的报表后，就会误以为安然的业绩非常优秀，而没有注意到大量利润其实是负债。安然公司组织这3000多家空壳公司的手法堪称前无古人。这3000多家关联企业形成了一个"金字塔"形的结构，安然通过复杂的持股关系将这些企业编织成为一张网络，以最小的资本量实现最大的控制，从而实质上最大化安然自身的借钱能力。比如，安然持股51%就可以控制公司B，而公司B只需要持股51%就可以控制公司C，此时安然只持有25.5%的C公司股票。如此不断循环，就会发现最后安然可能只要持有一个公司百分之几的股份就可以完全控制这家公司。而这里面每一家公司都可以进行独立融资，然后通过关联交易将资金输送到幕后真正的控制者安然。另一方面，由于安然在这些公司里面的占股比例很低，不需要将这些空壳公司的负债纳入到安然公司的报表。

这些公司之间还可以互相多次交易资产，从而实现虚假"利润"。比如A公司将一件价值不明的资产以1000万美元卖给B公司，B公司再以1500万价格转卖给C公司，C公司再以2000万卖回给A公司。这样交易一圈之后，最终B公司盈利500万美元，C公司也盈利500万美元，而A公司虽然没有盈利但是总资产增加了1000万美元，而购买资产需要的额外1000万美元可以通过抵押股权和这项资产从银行获得。本质上，这是通过从银行借款，粉饰了公司B和C的业绩，B和C可以再通过和安然进行交易将这些利润转移到安然，从而用更加隐蔽的手段实现了把利润归入安然，把债务留在自己公司的目的。

在所有这些空壳公司里面最著名的是一家叫做LJM的公司。这个公司的管理者法斯科实际上正是安然公司的首席财务官！而且正是安然董事会批准法斯科去成立的LJM公司。曾经有LJM的投资人问法斯科，当和安然发生交易的时候，你到底站在哪一边？法斯科毫不犹豫地说："我站在LJM一边！"LJM公司的其他投资者包括很多华尔街著名投资银行，他们之所以愿意投资LJM，其根本原因正是因为安然首席财务官法斯科本人亲自出钱入股了LJM。事实上，法斯科自己通过LJM从安然赚取了超过3000万美元的收入！从1999年6月到2001年9月，安然和LJM公司发生了24笔交易，这些交易的价格都如同安然出售尼日利亚驳船一样，明显高于公允的价值。这24笔交易使得安然公司税前利润增加了5.78亿美元。

安然的帮凶

✿ 会计师事务所

虽然许多投资者短期内无法洞穿安然虚增利润、隐藏负债的手法，但是安然长期的会计师事务所安达信对此必然洞若观火。令人奇怪的是，安达信每次对安然的审计报告都是全面支持，从来没有提出过任何质疑。要知道，安达信可不是一家普通的会计师事务所，它是一家拥有8.5万名员工，业务遍布80多个国家的世界五大会计师事务所之一。安达信与安然合作了10余年，不可能对于安然作假一无所知！另外，安达信自从20世纪90年代起就同时充当着安然的外部和内部审计员。也就是说，安达信一方面在内部帮助安然做账（提供各种咨询服务），另一方面在外部证明安然做的账正确无误！从某种意义上讲，很有可能正是安达信在指导安然如何进行会计造假而不造成明显漏洞。另外更糟糕的是，掌管安然公司财务的高级经理很多来自于安达信。比如安然会计主管在加入前是安达信高管。安然的首席财务官也曾在安达信任审计经理。这些都让人质疑安达信的独立性。安达信从安然获取了丰厚的利润作为回报，每周的服务费用高达100万美金。

事实上，即使到了安然案发，安达信依然矢口否认曾经帮助安然做假账。但是在安然开始接受美国证券交易委员会调查之前，安达信私自销毁了总重超过1吨的安然审计文档。虽然最终执法人员没能找到安达信协助安然会计造假的直接证据，但是安达信由于销毁档案妨碍司法调查被判处五年内禁止开展业务。由于其名誉受到了安然事件毁灭性的打击，百年老店安达信随着安然一同走向覆没。

✿ 证券公司

在金融市场上，很多投资人都依赖券商和投资银行的研究报告，毕竟这些研究员都是受过良好专业训练，眼观六路、耳听八方的专业人士。然而令人奇怪的是，在安然一案中这些证券精英并没有能够及时发现问题。这一方面是因为安然确实在诈骗手段上超越了它所处的时代，比如通过大量使用股票研究员所不熟悉的金融衍生产品和创新性的特殊交易结构，掩盖报表中隐藏的问题。但另一方面，这也与研究员群体压力有关。很多研究员事后承认虽然当时或多或少都感觉安然财务报表的异常，但是看到别人的研究结果都是积极正面，于是自己也就选择了附和。如果一旦某个研究员单独质疑安然这样一个戴着明星光环的庞然大物公司，而且事后证明自己错了，那么将对其职业生涯造成毁灭性打击。最后，这也和安然的打压有关。当时确实有不信邪、敢于质疑安然的研究员。比如，美林证券的一位研究员当时就大胆质疑安然的利润计算有问题。结果安然从此拒绝这位研究员进入公司，也不允许公司高管回答这个研究员的任何问题，使得这名研究员很难继续开展相关研究。最绝的，安然竟然通过给予美林证券价值5000万美元的两笔投资银行生意，促使美林证券开除了这位研究员。安然"杀一儆百"的做法，使得其他研究员从此噤若寒蝉，再也不敢提出质疑，甚至转身变成了安然的拉拉队员。某种意义上，成为安然的拉拉队员是对证券分析师最有利的选择，一方面自己的很多客户都持有安然股份，自己出一份正面报告可以提振股价，使客户们开心；另一方面，就算事后证明自己错了，可是别人也都错了呀，因此也不会有什么特别的不利影响。

✿ 华尔街银行

华尔街银行包括花旗、摩根大通、美林等著名金融机构在安然诈骗中扮演了极为不光彩的角色。他们为了攫取利益，使用各种手段帮助安然掩盖欺诈。这些银行无论怎么做，在本质上都是给安然一笔高息贷款，但是又把这笔贷款伪装成为安然的利润。这样一方面为安然提供了现金流包装了利润，另一方面为自己赚取了高额利息。比如，摩根大通专门在海外成立了两个公司A和B，公司A用现金一次性付款从安然购买1亿美元天然气，安然转手从公司B购买同样多的天然气，但是价格是1亿美元加上安然付给摩根大通的利息。只不过付款变成了分期付款，从而把一个贷款合同包装成为了两笔商业交易，使安然获得了现金流。另外在安然3000多家控股公司中，众多华尔街金融机构或者以合伙人身份参股，或者发放贷款，积极协助安然虚报利润隐瞒债务。最终，摩根大通和花旗银行被美国证监会罚款2.55亿美元。

✿ 罪与罚

安然造假的规模越来越大，难免留下的痕迹也越来越多，比如美林购买尼日利亚驳船等。尤其，美国市场上股票是可以做空的，也就是说可以通过股票价格下跌获利。这就给一小部分投资者激励，来挖掘公司造假痕迹。最终一篇关于安然股票造假的文章见诸《华尔街日报》，给安然致命一击。虽然百般抵赖，最终案件的三名主角：安然公司前首席执行官斯基林被判入狱24年零4个月，并且还承担上亿美元的财产追偿；安然公司创始人、前董事长莱于2006年7月因巨大压力死于心脏病突发，未能等到最终判决下达，但美国政府向莱家族追讨了1200万美元的赔偿金；首席财务官法斯科由于同意做污点证人被判入狱6年并罚款3000万美元。

点评与分析

安然诈骗案是震撼美国社会的系统性欺诈，这是整个链条上的诈骗。为了实现这一系列的诈骗活动，需要投资银行家提供资金与安然进行形式上的交易，需要会计师事务所出具审计报告，需要律师对于合同的合法性进行审查。美国财经制度的设计本来希望通过各方之间的互相监督避免欺诈行为的发生。事实上，这样的制度安排正是在对抗历史上层出不穷的诈骗案过程中，逐渐演进出来的。在安然案之前，投资者们普遍相信，如此严密的监督制衡体系，虽然不能免除公司粉饰太平的会计操作，但是大致不会发生重大欺诈。安然案彻底颠覆了人们对于美国金融体系的认知。

这一案件显示，所有各方由于受到巨大的利益诱惑，最终都放弃了自己的底线。安然的会计师事务所安达信向安然收取高达每周100万美元的审计费用，安然的律师事务所收取了差不多同样的费用，华尔街近百家著名投资银行通过实质上向安然贷款来帮助安然实现虚假盈利，获得了丰厚的回报。

所有各方都达成默契，直到安然神话的破灭。

安然事件提醒我们，不论一个制度在形式上设计得多么合理，人性贪婪的本质最终都有可能颠覆它。在投资中，应该勇敢问为什么。如果是自己无法理解的商业模式，最好谨慎投资。事实上，一代股神巴菲特就在20世纪90年代末互联网兴起、所有人趋之若鹜的时候保持了冷静。因为他无法理解这些泡沫公司的商业逻辑如何能够和他们的股价相匹配，因此选择了不投资。虽然这导致他一度成为人们嘲讽的对象，但是2001年~2002年的互联网泡沫破灭一定程度上证明了他的基本投资逻辑的正确性。

安然事件还有一个留给个人投资者的教训，它印证了投资界的两条金科玉律：风险分散化以及及时止损。调查人员发现，当安然股票已经从85美元跌至37美元后，董事长莱还在不断给员工发信要求大家不要出售安然股票。在一封信里面，他表示"对于公司的前景从未像现在这样感觉良好"，而且断言公司股票价格将大幅上涨。与此同时，包括莱在内的29名公司高管却在加速抛售自己手里的公司股票，共获得11亿美元巨额收入。很多员工一方面听信了莱的话，另一方面继续幻想股价能够恢复到高点，因此没有及时止损。最终，当高管们抛空公司股票并造成股价进一步下跌后，安然开始禁止任何员工出售股票，导致很多员工的养老金化为乌有。安然员工58%的养老金都是购买自己公司的股票，这给很多家庭造成重大损失，很多人因此变得一无所有。安然事件再一次揭示了风险分散化这一重要投资理念——永远不能把鸡蛋都放在同一个篮子里，不管这个篮子看起来有多结实。

安然的首席财务官法斯科在2011年出狱后有下面一段感慨："我知道那样做不对，我知道我做的事会误导别人。但我并不认为这样做违法。我的想法是：游戏就是这么玩的。摆在你面前的是一套复杂的规则，你的目标是利用这些规则。"他还说："一些公司的做法比安然还坏十倍。"这就是安然高管当年在造假时的心态。事实上，法律不管多么严密，总有很多缝隙和漏洞，如果一个企业和个人不能把握住自己，游走在法律的边缘，那么短期获利的冲动往往会导致铤而走险，最终一步步滑向违法的深渊。那些能够编织庞大骗局的骗子往往都不认为自己是在行骗，而只是在创造性地利用规则漏洞。

中国上市公司的造假行为

类似安然的欺诈手段在中国股市也屡见不鲜，同样的伎俩一次又一次被使用。比如，在"绿大地"事件中，曾经号称是中国A股第一家绿化园林公司的上市公司"绿大地"就是首先通过为广大股民描绘一个充满绿色和园林的未来城市生活，给投资者编织起一个美好的梦想，然后开始大肆行骗。绿大地把树苗的生产基地放在了边区和山区，从而令核查困难重重。绿大地把价值60元每株的树苗报告为300元，把云南兰产基地20万元/亩的地价谎报为100万元/亩，同时把1万元/口的水井，虚报为70万元/口。在虚增资产的同时，绿大地进一步虚增销售收入。事后查明，绿大地为了上市成功，2004年~2007年上市前总销售收入6.3亿元，40%都是关联交易。关联交易的手法其实非常简单粗暴，公司买一块地，真实成本可能就值1000万元，但账面上却要花1个亿给自己暗中注册的关联公司进行交易，这样绿大地的账面资产多了一个亿，同时9000万元利润就流到了关联公司的账上，关联公司再去大量买进绿大地苗木，这9000万元又流回了绿大地。9000万资金兜了一个大圈子回到公司，结果绿大地的资产、收入和利润都虚增了。

其实类似绿大地的情况还有很多，远的如蓝田案，昔日中国绿色农业第一股的湖北蓝田集团，也是通过把自身行业打扮成未来的希望之星，同时伪造资产和销售而走红的。当时，蓝田谎称其鱼鸭养殖每亩产值高达3万元，鸡鸭有脚，因此短时间内很难彻底核实。除了查实的绿大地、蓝田事件，近期未经查实但令人疑窦丛生的"獐子岛事件"也值得我们警醒。"獐子岛"号称水产养殖第一股，以生产扇贝、鲍鱼和海参著称，这样一个能够勾起人心底里美好共鸣的企业，竟然在2014年10月31日发布消息称，因北黄海遭遇异常的冷水团，公司决定对受灾底播虾夷扇贝存货进行核销处理，合计影响净利润7.63亿元。受此影响，獐子岛2014年前三季度的业绩也"大变脸"，由上半年的盈利4845万元转而变为亏损约8.12亿元。扇贝都在海底，难以核实真伪，这真是给大家上了一课。

分析绿大地案、蓝田案和"獐子岛事件"的共性，我们会发现它们的套路都是"美好远景"加"难以核实"，从而给可能的造假留下巨大的机会。为了避免上当受骗，如果看到这两点共存的时候，最好要多些批判精神，多做调查研究，至少要把潜在的风险想清楚。当然最重要的还是要控制住自己的贪念，不要被美好远景冲昏头脑，不要因为难以核实就不去核实。股神巴菲特之所以把公司设立在远离纽约的小镇奥马哈，就是让自己公司不要被充斥华尔街的各种"美好远景"所影响。同时他拒绝投资那些"难以看懂"的公司。虽然巴菲特错过了互联网股票的繁荣，但是他也成功躲过了1999年的互联网泡沫破裂。

倾销垃圾股

—— 关键词 ——

垃圾股高压推销

证券欺诈

电影《华尔街之狼》

　　莱昂纳多主演的电影《华尔街之狼》是根据真人真事改编的。主人公是美国20世纪90年代的一个金融骗子。此人生活非常铺张浪费，嫖娼嗑药五毒俱全。电影里面绝大部分的内容和细节都真实发生过。为了演好这部戏，莱昂纳多每周要给电影原型打几十个小时的电话，学习模仿当时骗子的语言和心态。

　　这部电影里面的台词活脱脱就是一本英语脏话大全；色情戏也很多，简直就是一部成人电影。这些情节是真的吗？笔者曾经问过以前在那家公司工作的人。那人毫不犹豫地回答：全是真事！（It's all true!）在这章里我们重点讲讲这个骗子的经历和他行骗的种种手段。

牙医转行

　　这个骗子名叫乔丹·贝尔福特（Jordan Belfort），出生于20世纪60

年代。

贝尔福特生长在纽约的一个犹太家庭，爸妈都是会计。贝尔福特从小就有一个挣大钱的理想。他一开始的理想是当牙医，在美国当牙医收入确实很高。贝尔福特很聪明，也很努力，考进了医学院。自己还靠做点小买卖攒足了学费。当他兴冲冲来上学时，却被泼了一头冷水。

开学第一天，医学院院长给新生讲话："同学们，当牙医挣钱的黄金时代已经过去了。要是想挣大钱，你们算是走错行了。"贝尔福特听完很难受，第二天就辍学不念了。

贝尔福特辍学以后一整年都没什么事干，只是在社会上闲逛。他父母问他书读得怎么样，他只能撒谎说还行。当时是20世纪80年代，美国经济繁荣，在华尔街上班工资很不错。对钱着迷的贝尔福特决心从事金融工作。他天资很好，很快考取了股票经纪人资格证，进入华尔街一家老字号的交易公司。谁知好景不长，上班才一个月，一场股灾让贝尔福特的公司倒闭，他又成了无业青年。

不放弃发财理想的贝尔福特，在失业以后自己搞了个股票交易公司。这个公司很小，没什么资本去和华尔街的大公司对抗，要想发财，只能搞些旁门左道。

细价股

在美国有一种小面额的股票叫Penny Stock，可以叫细价股或美分股，就是每股价格超低，甚至以美分来计的股票（在台湾叫"仙股"）。有的公司之所以定价这么低，是希望可以有更多人去买。其实这种想法很滑稽，因为股票投资多少根本不取决于每一股股价高低，而取决于股价与数量的乘积，也就是市值。买10股1块钱的股票和买一股10块钱的股票从投资的角度是一样的。

细价股并不是在纽约、纳斯达克交易所上市交易的，而只能在场外柜台上进行买卖，处于一种"半上市"的状态。柜台股票交易很像中国的"新三板"，里面都是非上市的中小微公司，它们的股票都不在沪市或深市交易，而是在一个代办股票转让系统里交易。

美国发行细价股的公司一般质量都很差。很多情况下，公司没有什么生意，规模小得可怜，有的像个家庭作坊，管理非常混乱。细价股不光价格很低，发行量也不会很大，一般也就几百万美元。市值很小，庄家就很容易进行操纵：仅仅几十万的资金就能让股价暴涨暴跌。

美国官方这样评价这些股票："大多数公司都是建立在不切实际的想法上，产品不合理，运作根本无法产生效益，投资银行给的推荐都是假的，这些银行都是他们的亲信。"证监会和联邦调查局特别做出声明说，投资细价股有极大的风险，里面充满了各种非法操纵、欺诈和内幕交易，让大家多加小心。

倾销垃圾股

在这里我们把公司质量差、股价容易被操纵的细价股称作垃圾股。

发行垃圾股的公司都有自知之明，知道正常人是不会来买它们股票的。为了能把股票卖出去，要把销售提成定得很高。正常股票的销售提成只有2%~5%，而垃圾股的提成竟然达到了50%！也就是说谁要是卖10万块的垃圾股，就能拿到5万的提成。

骗子贝尔福特听说卖垃圾股提成这么高。惊讶之余，就下定决心靠推销垃圾股发财。贝尔福特的推销很有一套。先是狂打小广告，说炒垃圾股非常赚钱，要是大家投钱跟着炒，一年两成的回报，保本保息，风险为零。美国的小广告不像中国贴在马路上，而是寄到所有人家里。在美国，所有人的地址都是公开的，所以大家都能收到邮寄的小广告。受过一些教育的人，只要不傻，就不会上当。就像大街上贴的小广告没人理会。可是人群里总会有些太过朴实迂腐的人，或太过贪婪忘本的人，再或平日不读书不看报不思考的人。这些人就成了贝尔福特骗局的牺牲品。

有人找到贝尔福特，询问怎么投资。贝尔福特就发挥他的口才，把手里的垃圾股吹得天花乱坠。在他的说辞里，这些垃圾股的公司都很正规，盈利一直上升，领域也非常前沿，前景一片大好。贝尔福特不光能说，还很会抓住人心。跟你谈话的时候，他会首先了解你有什么需求。比如他会跟你聊车，问你喜欢什么车，你说想换辆奔驰车，他就会在你脑海里勾勒开奔驰的惬意画面；或者跟你聊生活，你说还房贷压力很大，贝尔福特就能让你幻想房贷还完的轻松心情。总之贝尔福特会挖掘你的各种需求来刺激你对金钱的渴望，然后买他的股票。贝尔福特会口吐白沫一直说，说到你掏钱买他的垃圾为止。用他自己的话，"为达目的，不择手段"。

贝尔福特不光自己能说，还很花心思训练他的手下。贝尔福特以前在社会上闲逛时，结交了一群社会上的混子。贝尔福特把这一票人攒起来，组成了他的销售团队。这些人都是当地的混子，对周围的人情世故很了解，很容易和客户打成一片。贝尔福特教这帮人怎么去包装垃圾，怎么拉下脸去拉客户，怎么追命连环打电话。大家跟着贝尔福特，都像着魔了一样，头脑里只有推销、推销、推销。贝尔福特的公司就是一个邪教团体，他本人就是教主。

卖垃圾股让贝尔福特挣了很多钱，他买了豪车豪宅，娶了个纽约当地有名的美女当老婆。还把著名设计师香奈儿的游艇买下，当做订婚礼物。

证券欺诈

贝尔福特的公司也从一开始的郊区小作坊搬到了纽约曼哈顿的金融区，摇身一变成了一个看着很高大上的金融企业。华尔街的报纸也开始报道他，说他草根出身还能从金融大鳄嘴里抢到肉吃，称他为"华尔街之狼"。贝尔福特的胃口越来越大，发展到这个阶段，靠原先小广告招来的客户显得太少，他们很多都是社会底层，也没什么钱。于是贝尔福特开始寻找更多、更有钱的客户。

　　凡是有点常识受过教育的投资人都知道垃圾股是什么东西，贝尔福特也知道这一点，不管他再怎么能说，他的垃圾股都卖不出去。于是贝尔福特就使了一招证券欺诈，说白了就是挂羊头卖狗肉搞假投资。

　　谈客户的时候，贝尔福特从来都不提垃圾股的事，他总是很正经的样子，说投资的都是柯达、迪斯尼这样盈利稳定、信誉好的大公司的股票，然后再给客户看看他们公司的良好业绩，这些业绩其实与大公司股票无关，都是靠卖垃圾股挣来的。有的客户相信了，觉得贝尔福特管理有术会投资，就会把钱投给了他。可贝尔福特一收到钱，根本就没拿去买柯达、迪斯尼这样的股票，而是马上把钱拿去买垃圾股收高额的提成，而客户还以为钱很稳妥，最后却饱受垃圾股之苦。

点评与防范

✿ 抵抗骗子的推销

　　近两年的国内，自称做金融的人多了起来，他们推销着各种金融产品，从保险、理财到现货、P2P，花样繁多。推销的手段是多种多样的，有的在电视台做广告，有的印在了精美的宣传手册上。各种金融小广告充斥街头，各种电话推销触及到了每个人的手机号，各种上门推销的理财产品等等。推销的狂热程度令人厌烦。

推销得越过份，就说明销售的暴利越高，产品的性价比也就越低。金融领域是最容易出劣质产品的地方，因为很难发现金融产品的风险。这不像新买的电脑或新买的食物，有问题都能及时发现。我们常见的很多金融产品，其实都和垃圾股一样，满是陷阱，骗局无数。关于识别伪劣金融产品，在其他的章节已经讲过，这里只说说如何应对推销。

只要是金融产品，就会有欺诈的可能。这里最管用的忠告是：离这些金融推销越远越好。

家中和身边的老人往往是推销的重点对象，因为他跟现今社会接触不紧密，容易轻信。文化程度较低的人也是一样，也不容易判断东西的好坏。其实即便是生活中的现代人，也不见得对金融市场的运作有所了解。所以作为金融专业人士，以及本书的读者，我们都应该去保护家里和身边的老人及其他弱势群体，为他们多多提醒。

即便是有常识的投资人，也会经不起高压推销，成为牺牲品。所以在投资以前，还是要多和家人、恋人、朋友多商量，不要轻易把积蓄交到别人手里。在和推销人员打交道时，要有自己的立场，不能被人牵着鼻子走，如果感觉有地方不对，就马上终止谈话。如果周围的人都在跟风买，也还是要用常识去想一想，必要的时候请专业人士帮忙鉴定。

✿ 好产品的态度

好的金融产品来自好的投资项目。这些好项目都很低调，不愿意吸入过多资金。而且大多数好的项目能够产生足够高的利润，用来支持以后的发展，根本不需要外人进入带走公司的利益。老干妈辣酱大家也都吃过，这个公司一直做得很成功，但多年来，老板陶华碧一直坚持"不贷款、不融资、不上市，不让别人入股"，就是说你想投钱给她，没门！这就是好项目该有的态度。

到菜市场买菜，买的越多价钱越划算。投资领域正好相反，投的钱越多，回报百分比反而越低。公司拿到的钱要慢慢消化，盲目扩大只会减少效率，带来麻烦。在股市上也是，以同样的价格买卖，拿1000块钱炒股，回报率要高于拿100万炒股，因为买（卖）的越多价格越高（低），挣的就越少。马云当年融资不是挨家挨户卖股票，而只是找到一个叫孙正义的投资人。孙要给马云4000万美金投资，马云觉得太多，怕资金管理出问题，不要。孙硬塞给他，最后马云说那就2000万吧，再多给我钱，我就不跟你合作。这就是好项目该有的态度。

总之，好的投资产品不会满大街追着人要去卖，更谈不上高压推销。好的投资产品，往往都是在专业机构内部消化了，不会轻易落在普通人身上。越是被大肆兜售的金融产品就越不可能是好项目。

✿ "高风险高回报"正解

高压销售的必然结果是投资者上当买了伪劣金融产品。被骗了、亏了钱就要投诉或报案。如果每一个被坑害的投资人都及时投诉报案的话，即便不能追回损失，也能为打击这种行为尽一分力。可能有的人胆子小，怕麻烦，赔的不多，或对法律法规不了解，不想去投诉报案，这也都能理解。

但是很多投资人上当了却无所作为，反倒认为吃亏是追逐高回报必然的事情，这就有问题了，因为在思想上，他们错误地理解了"高风险高回报"

的金融法则。"高风险高回报"永远都是金融骗子的保护伞。当你质疑时，骗子会承认确实有风险，但回报也很可观。当你亏钱时，骗子会说回报很高，所以风险是必然的。为了揭穿骗子的掩护，在这里要讲一下"高风险高回报"到底是怎么回事。

首先，投资项目的"高风险高回报"的前提是一个成熟的金融体制。如果风险很高、回报很低，就没人去投资，就自然被市场淘汰。而中国金融市场还在发展阶段，各种产品项目的质量参差不齐，高风险低回报的烂产品比比皆是。如果以后发展的好，高风险低回报的烂投资项目会被淘汰，市场上剩下的都是正规项目，风险与回报匹配。如果发展不好，烂产品烂项目就会不公平地把好产品挤下去，整个市场就会逐渐烂掉。中国的各地现货交易电子平台形成的现货市场，P2P平台形成的民间借贷市场，就是逐渐烂掉的市场。在这些市场里，坏的投资项目不少，好的不多，最后好的被挤走或变坏。最后的结果是高风险没有高回报，得到的反而是低回报，零回报或负回报。

其次，"高风险高回报"是在正规制度下进行的，比如股票市场、期货市场都有监管，各种违法行为都会被查处并受到惩罚。只有在法律约束下，高风险高回报才会成为常态。而非法集资、民间自由借贷，还有其他五花八门的"金融创新"则没有相关制度的保护，这里面就会有诈骗的动机。有了诈骗的存在，一切规则，一切风险与回报的匹配都是不成立的。

再次，"高风险高回报"的机制是风险在前，回报在后。如果投资人认为投资给这个老板的公司风险很大，就会多要回报；要是老板比较靠谱，就可以少要些回报。没有哪个老板愿意主动把利润分给外面的投资人，但他必须这样做，因为投资人可以选择不给他钱。也就是说投资人是这套机制的施加者，有什么样的风险，投资人就会要求有什么样的回报。而在金融骗局中却是本末倒置，骗子先拿出高回报诱惑你，把钱骗到手以后，再拿高风险伤害你。

最后，衡量风险与回报要有足够长的历史记录，因为短时间内的表现很容易被操纵。那么怎么界定记录的长短？可以用锁定投资时间的长短来参照对比。比如e租宝产品要求你投资锁定为3个月，而它这种产品推出来还不到1个月。在这么短暂的时间里，任何高回报都不能称作是真的高回报。

金融小贴士
Financial Notes

● **股东大会**

　　股东就是公司的所有者。公司制度下，公司的权益划分成了股票。谁有了公司的股票，谁就是公司的所有者之一，就有一部分权力决定公司的重大事件，如董事任免。按规定，公司应定期召开股东大会，在会上公司管理者会向股东汇报公司的经营情况，以及分红、收购、产品开发等重要事件。

上市"老鼠仓"

┌─────── 关键词 ───────┐

操作股价

投资银行

老鼠仓资产转移
└─────────────────────┘

股票操纵

在20世纪90年代的美国华尔街，很流行的一种欺骗做法叫Pump and Dump，直译是"吹气再扔掉"。所谓吹气就是在市场上散布假消息，大肆宣扬某支股票前景广阔，这样买的人多了，价格也就像吹气球一样涨了上去。日本人管这种做法叫"風説の流布"，散布流言的意思。光靠散布消息还不够，还要有人使劲推销，让更多人去买。参与推销的公司在当时被叫做"蒸汽室"（boiler rooms），制造蒸汽，把股票气球越吹越大。

等股价高到一定程度，就会有大户突然把手里的股票卖掉，引起股价大跌。股票就像车胎被戳了一刀泄了气。其实这些大户是早有预谋的，就是他们提前买好了股票，打好了埋伏，然后在市场上散布流言，高压推销，操纵股价上涨的。

"华尔街之狼"乔丹·贝尔福特建立的公司就是这样一家操纵股价的骗子公司。他的主要作案工具是垃圾股。因为垃圾股总的市值不高，操纵不需要太多资金，鼓吹比较容易。那个时候，只要某只垃圾股一上市，贝尔福特就散布消息神化这支股票，再加上他强大的推销团队，使得很多人上当购买。贝尔福特经手的垃圾股，鼓吹的时候价格飙升，等他甩手卖掉时价格就一泻千里。

投资银行的"老鼠仓"

销售垃圾股是贝尔福特公司的旗舰业务。他的吞吐量很大，到了最后连垃圾股都不够他卖了。为了骗更多的钱，贝尔福特要经手更多新的股票，于是贝尔福特的公司就进入到了投资银行业。

投资银行的工作就是帮公司上市充当经销商（见金融注释）。公司上市前先把股份卖给投资银行，投资银行再把这些股份拆成一张张股票，分配给股市上的买家。按照规定，投资银行只负责分配股票，必须以商定好的发行价卖出。公司上市以后，投资银行自己不会再持有股票（有些情况下可以持有少量股票）。也就是说，投资银行要想借公司上市来操纵股价，手上是没有弹药的。

为了解决无货可卖的问题，贝尔福特搞了一个诈骗创新，也就是后来人们熟知的"老鼠仓"，英文叫rat hole。套路就是在上市过程中把股票分配到自己人的名下，让他们帮着把股票囤积起来，就像老鼠把粮食藏进洞里一样。贝尔福特管这些帮手叫做"老鼠"，这些人其实都是有钱人，有影星、运动明星、企业高管，也有毒贩子、外国贪官等等。贝尔福特先以内定的发行价格把股票卖给"老鼠们"。等股票上市以后，他就使出看家本领：鼓吹神话加高压推销，短时间内让股票价格飙升。

"老鼠仓"挣钱的方法有两种：一是贝尔福特以底价回收"老鼠们"的股票，等股价吹起来以后再卖掉。二是等股价吹上去以后，直接让"老鼠们"自己去卖，贝尔福特只需要在场外发信号，卖完以后分赃。"老鼠"给贝尔福特赃款，可以用成箱成捆的现金，这样避免交易记录；也可以把赃款用来购买贝尔福特公司超高价产品，让钱流到贝尔福特那里，这算是洗钱。

贝尔福特的"老鼠仓"骗局一共搞了22家上市公司。其中有一家是有名的制鞋公司思美登（Steve Madden）。虽然这家公司现在做得很成功，但它当初上市的时候却相当不光彩，创始人还因为信息造假和内幕交易进了监狱。

思美登的创始人和贝尔福特的副手是发小，他还向贝尔福特的公司借过钱，等公司1993年上市，他就自然而然地跟贝尔福特合作。思美登上市是在纳斯达克交易所，按照证券规则，贝尔福特的公司帮着上市，最后只能留有5%的思美登股票。这么点股票肯定不能满足贝尔福特的胃口，于是他在分配股票的时候，把一半的股票传递给了他的"老鼠们"，剩下的一半股票走正常途径，最后散落在股票市场各个股民手中。

布局完成以后，贝尔福特开始哄抬股价。他把所有的销售员工都召集起来，给他们讲话："你要是想改变自己的命运，就要努力创造财富，你要想创造财富，今天就是机会，拿起手里的电话，拨给你所有的客户，让他们去买思美登股票。只有这样你才能发财，才能换好车，换漂亮女朋友！"此话一出，贝尔福特所有的销售们都跟打了鸡血一样，开始联系客户，推销市场上的思美登股票。市场上有100万股，一开始每股的发行价只有5.5美元，经过这么一折腾，一天之内就把股价推到了20美元，足足涨了三倍！而贝尔福特的"老鼠仓"里还有一百万股的思美登股票，一直攥在手里，静等价格升到高点。

给贝尔福特建"老鼠仓"的帮手里就有思美登本人，只不过他在骗局里的身份不是原始股东，而是场外帮手。他在佛罗里达建立了一个空壳公司，贝尔福特做上市的时候把40%的股票分给了这个公司。贝尔福特的算盘打得也很有意思，跟这个空壳公司签了一个协议，规定日后要从这家公司收取价值500万的短期债券，这笔钱其实就是"老鼠仓"赃款的一部分。那40%的思美登股票，待贝尔福特炒完之后，价值已经升到了1600万，掏出500万给贝尔福特，思美登本人还剩1100万的股票。

事情发展到最后也很有趣，原来思美登不光参与了自己公司上市的"老鼠仓"，贝尔福特其他21个老鼠仓全都有他的一份。后来思美登本人跟贝尔福特因为分赃不均闹掰了，思美登不想给贝尔福特那500万分赃，贝尔福特就告他，要他公司15%的股份。后来思美登给了贝尔福特400万现金，两人才达成和解。此后贝尔福特一直对思美登怀恨在心。20年后，在贝尔福特指导的电影《华尔街之狼》里面，思美登被刻画成了一个呆头呆脑、没尊严、只会搞小动作的小人形象。其实思美登本人高大威猛，违法的事情做得也丝毫不比贝尔福特逊色，坐完牢后，他重返思美登公司担任了首席设计师。

抓捕"华尔街之狼"

贝尔福特骗来了很多钱，过起了骄奢淫逸的生活。平时除了吸毒，贝尔福特还常吃一种让人兴奋的违禁药物。有一次他在英国开会，忘了带药，就让美国的秘书坐私人飞机送药过来。有一次他嗑药神志不清，开车造成了一连串7起事故。他曾经租了一个航班，带着他的手下飞去拉斯维加斯狂欢，结果整个航班里的人都在嗑药，飞机成了一个大药房。

贝尔福特的高调很快引起了美国证监会和联邦调查局的注意。首先，贝尔福特公司不切实际的盈利是个很大的信号，再加上很多被他坑害的投资人都向证监会投诉。于是证监会立案展开调查。他们查公司的账，发现好多都是通过卖垃圾股挣的。这样证监会便以证券欺诈和股价操纵起诉了贝尔福特。调查期间，贝尔福特曾经和证监会达成和解，答应交一些罚款，以后退出金融业。但后来贝尔福特不忍丢下他的党羽，反悔了，并且号召这些人跟美国政府斗争到底。

贝尔福特知道自己的钱放在美国不安全，于是就让心腹把一沓一沓的钞票以人肉运输的方式带出美国，存到目的地瑞士。贝尔福特手下有个小毒贩后来就全职给贝尔福特干这事。每次行动，小毒贩和他女朋友挎着LV的包，里面塞满了钞票，大大咧咧地通过安检。"9·11"之前美国机场的安检没有现在那么严格，手提行李很少被扫描或抽查，他们就这样上了飞机，成功把钱存到了瑞士的银行。贝尔福特还有一个英国阿姨，珠光宝气的上层社会老太太，也给贝尔福特当过搬运工。钱存到了瑞士以后，小毒贩和英国阿姨都把这些存款的受益人写成贝尔福特，这样贝尔福特就能花到这笔钱了。

跨国非法转移资金在美国是刑事罪，归联邦调查局管。调查局跟踪了贝尔福特6年多的时间，手上的资料线索很多。后来一次很偶然的机会，帮贝尔福特存钱的瑞士人在美国犯了事，供出了贝尔福特手下的那个小毒贩。调查局把小毒贩抓起来，他马上就招了，被捕的时候还害怕得哭起来。这个毒贩提供了一个境外的美元存款收据，受益人是贝尔福特，正好证明了贝尔福特走私美钞出境。

面对确凿的证据，贝尔福特选择了认罪。为了减轻罪行，他向联邦调查局检举了自己公司的手下，以及"老鼠仓"骗局里的场外帮手，一共有100多人。贝尔福特最后因此只被判了三年，支付1亿美元的偿还金，相对他的涉案金额来说算是很少了。在白领犯罪的处罚中，偿还金一般要和损失相匹配。贝尔福特的赔偿金判得少，一是因为当时股价操纵算是常态，操纵造成的损失也不好衡量，还因为贝尔福特的"老鼠仓"骗局比较奇特，当时还没有专门对应的法规条款。对此判罚，贝尔福特骗局里的1000多个受害者显然不太满意。

说起来，贝尔福特在监狱里的日子还很滋润。有图书馆，还有网球场，一晃三年就出狱了。虽然他终身不能碰股票交易，但他矢志不渝地坚持自己的致富理想。他把自己的故事写成书赚稿费，编成电影还为自己增加了知名度。贝尔福特最终赖以生存的还是那张能说会道的嘴。他到处演讲，讲述自己经历的那些刺激的故事，他甚至还去培训机构当成功学导师。最近贝尔福特很火，报纸上说他一年挣了1个亿，比在华尔街的时候还多。

点评与防范

股票市场的法规主要限制两种行为：操纵股价和内幕交易。贝尔福特操纵股价的行为非常典型，抓他毫无疑问。但贝尔福特的"老鼠仓"交易在行业内开了先河，让监管部分一时无法定性。如果说"老鼠仓"是内幕交易，但这里并不涉及上市公司的内幕消息，比如盈利状况、资产收购这些信息。"老鼠仓"确实是一种不公平交易，因为它把投资银行分配新股的权利变成了一种收入，这种玩法其他的股民效仿不了。可是当时的股票市场的法规又没有明文规定不让这样做。

最后美国政府把贝尔福特的"老鼠仓"定性为洗钱，因为获得收入不正常，资金去向也不公开。洗钱是刑事罪，归联邦调查局管。贝尔福特当时为了掩人耳目，暗箱操作，这其实是聪明反被聪明误：如果贝尔福特的"老鼠仓"搞得透明一些，连洗钱的罪名都不会有，那就完完全全逃离法律之外了。

当时美国证监会知道有"老鼠仓"交易还有点懵。明知道这样不对，但是没有任何名目可以起诉。于是证监会与时俱进，制定了新的政策来限制"老鼠仓"。在新的制度下，"老鼠仓"被定义成内幕交易。在内幕交易里，要有给出信息的人、接受信息的人，尤其要有内幕消息。在贝尔福特的"老鼠仓"骗局里，给出信息的是贝尔福特的公司，接受信息的是贝尔福特找的场外代理，也就是"老鼠"。他们传递的信息，就是贝尔福特会在某时用特殊方式把股价炒高。这个信息是别的股民不知道，算作不公开的内幕消息。"老鼠"得知内幕消息以后再去买卖股票，那就是明显的内幕交易了。贝尔福特虽然不直接参加内幕交易，但还是会作为消息的提供方被治罪。

中美"老鼠仓"之不同

与华尔街"老鼠仓"案比较起来，中国的"老鼠仓"交易显得更加简单粗暴：首先不用等公司上市的机会。而且中国的新股抽签分配的制度下，也没有做"老鼠仓"的必要（见金融注释）。其次，在"老鼠仓"建成以后，也不用特意地去鼓吹股价，高压销售。中国的"老鼠仓"更多的是赤裸裸的内幕交易。

在中国，"老鼠仓"交易主要发生在基金行业。基金公司的工作是帮客户管理资产，通过买卖股票为客户挣钱。基金公司的"老鼠仓"是公司经理做出来的，套路是这样的：比如一个基金将用1亿元的客户资金来买一支股票。这么多钱砸进去，这支股票肯定价格大涨。基金经理会在动用客户资金买入之前，私下抢先购买这支股票，等客户资金入市之后价格大涨再出售获利。这个基金经理实际上是在用自己公司的内部信息作交易。为了不暴露自己，基金经理都要找场外的亲戚朋友替他买卖股票，也就是建立"老鼠仓"。

这种"老鼠仓"做法，蚕食了客户的利益。基金经理先于客户买（卖）股票，引起股价部分上涨（下跌），客户的资金再进入（退出）时，盈利的空间就小了。

在中国，"老鼠仓"隐藏的套路比较繁多。除了找场外的亲戚朋友帮忙，券商可以把"老鼠仓"里的股票定义成融券业务的标的证券，其实也就是另设名目持有股票。2016年之前还有伞信托，就是提供一个伞式的账户结构，一个大账户下隐藏多个小账户。这样就可以把"老鼠仓"交易隐藏在别的交易里面，不容易被发现。

在美国靠内幕交易的"老鼠仓"很少，因为凡是涉及内幕交易就是动辄几十年的刑期。而中国的"老鼠仓"交易，虽然也同样定性为内幕交易，但判刑却较轻，通常是罚款，禁止从事证券业。国内最大基金"老鼠仓"马乐案件曾被定义为"犯罪情节特别严重"，但也只判了三年。

中国"老鼠仓"的监管

中国最先查办的"老鼠仓"案件在2006年。到了2008年，案件多了起来，因为那个时候股市不景气，基金挣不到钱，很多人就另寻"老鼠仓"挣钱。近年来，中国的私募基金业发展迅猛，短短几年间，基金就有了一万多家。每一家私募基金都可能会存在道德风险问题，因为理论上每个基金经理都可以通过"老鼠仓"的做法蚕食客户，让自己先富起来。10年前"老鼠仓"的涉案金额通常也就几百万，而这两年查处的"老鼠仓"案件动辄几亿元，2013年查处的博时原基金经理马乐的案件里，"老鼠仓"交易量更是达到了10亿元。

监管部门虽然规定了基金从业人员及其家属买卖股票要公开申报，但这是堵不上"老鼠仓"的，因为即便没有亲朋好友帮忙，狡猾的罪犯总会通过各种裙带关系找到关系户。那些动辄上亿元的"老鼠仓"操作，绝非一个人的朋友圈就能搞定的，肯定涉及到更大的金融团体，可能包括基金公司老板、上市公司高管、高净值投资人。而在目前判处的案件中，法院还是把"老鼠仓"定义为个人行为，对个人进行处罚。但对涉事的基金公司处罚较轻，处罚理由也仅限于用人不当。如果这样下去，就会鼓励集团合谋，"老鼠仓"的做法就会愈演愈烈。

打击"老鼠仓"的有效办法就是靠法律威慑，加大惩罚力度。证监会一直对内幕交易零容忍，既然"老鼠仓"本质是内幕交易，就该同样严加惩处。监管层也曾经表态，对出现问题的公司，不仅要严厉惩处当事人，还要追究公司主要领导的责任，对公司也要给予相应处罚。这都是非常积极的态度。希望这个"相应处罚"能定义地再确切些。美国一家对冲基金叫SAC，因为有员工涉嫌内幕交易，整个基金公司被处罚了18亿美元。这个案例希望中国的监管部门可以参考。

在打击的技术层面，证监会在2013年已经启用大数据分析系统，可以追查到每一笔股票交易的所有信息。如果你在一家基金公司工作，基金买的股票和你买的股票相重叠，那么机器就会立刻识别出来。在这样确凿的证据面前，"如有雷同，纯属巧合"是不被接受的。有了这套大数据监测系统的帮助，证监会不仅能即时发现"老鼠仓"交易，就连以前的"老鼠仓"交易，也会借着数据存档把它们挖出来。虽然"老鼠仓"团体也会用一些科技去躲避，但证监会的力量和科技水平还是比任何一家基金公司都要强大。

中国目前最大的"老鼠仓"案件马乐案件就是这样靠大数据分析的方式找到的线索。当时系统发现有三个跟马乐相关的账号的交易和马乐工作的基金公司的交易几乎雷同。这三个证券账户开户人分别是马乐的妻子、亲戚和同学，账户均由马乐本人操作。据查，马乐利用这些账号交易同样的股票，先于他的基金买入卖出。这样交易的股票一共76支，全部被数据监管系统识别锁定。

认清操纵

最后还是要说一下操纵股价，这是"老鼠仓"获利的手段。在中国操作股价即便和中国的"老鼠仓"不太相关，但也非常普遍。

在股票投资上，散户永远都是庄家操纵的受害者，极少人才能抓住庄家的心态，跟对风。对于操纵很厉害的股票，散户应该尽量避开。如何认清操纵？办法是这样的：把这支股票和大盘比较一下，如果波动的幅度和节奏与大盘非常不协调而且震荡幅度远远超过大盘，你可就要小心了。在美国的细价股是庄家操纵的典型，很多细价股的波动就与大盘波动步调差异很大。

虽然每个庄家的操纵套路都不定式，但每个套路都必定会让股票高低起伏。这样他才能低买高卖。也就是说，起伏越剧烈，操纵就越明显。为了判断剧烈程度，你可以从几个方面去比较，比如跟这支股票市值差不多的股票，或跟同一行业的其他股票，或具有其他共性的股票。

金融小贴士
Financial Notes

● 投资银行

　　投资银行和我们平时看到的商业银行不一样。商业银行如建行、农行，靠的是积攒储户的存款，拿去放贷款借给企业或个人，从中挣取利差。投资银行做的是经销上市的股票等证券（underwriting），收取手续费。美国的投资银行相当于中国有承销职能的券商机构。在中国，券商机构也同样可以帮公司上市，在美国，投资银行也同样可以买卖证券，功能都是一样的。

● 上市公司分配制度

　　在中国，人们对新股的投资热情比美国要高很多。新股发行时，因为申报购买新股的人过于庞大，远远超过了券商的供给，随意获得新股只能靠抽签。在这种抽签制度下，即便找人帮忙囤积新股，也不一定能拿到股票，"老鼠仓"就建不起来。美国新股发行不用抽签，只需要投资银行分配给指定的某家单位，只要这家单位和投资银行是关系户，就能帮后者建立"老鼠仓"。

坏事干尽的打假斗士（上）

———— 关键词 ————

庞氏骗局

盗刷信用卡

纳斯达克上市

以前每章说骗局都只说一桩案子，这回说的这个人犯下的经济案子可不止一桩，出入监狱也不止一次。他曾是美国历史上最年轻的上市公司总裁，曾是当地教会炙手可热的牧师，曾是受人敬仰的打假斗士。但在这些荣誉之下，他干尽了各种违法勾当，从盗用信用卡、会计造假、贪污、敲诈，到操纵股价、内幕交易，不一而足。他被美国财经电视频道CNBC誉为"史上最肮脏骗子"（The dirtiest con）。此人名叫白瑞·敏克（Barry Minkow），一个生长在加利佛尼亚的60后。

高中生创业

高中时的白瑞·敏克是一个稚气未脱、有着多动症的男孩儿，整天琢磨怎么挣钱。最初他成立了个地毯清洁公司ZZZZ Best，雇了几个同学，搞了辆小卡车和清洁设备，像模像样地上门收费服务。高中生创业在当地也算是新闻，这为他引来不少眼球，招来了些许客户。可是地毯清洁生意在美国真不挣钱，很多人都习惯自己在家干，缺设备就去租，所以真正的客户实在不多。公司状况不好，让敏克很头疼，为了应付财务危机，敏克动了邪念，很快就走上了经济犯罪的不归路。

他开始骗保，向保险公司谎称自己公司被盗，骗取赔偿。他还开空头超额支票，盗刷公司客户的信用卡等等。敏克在信用卡诈骗上很有一套，拿到了客户的信用卡号以后，他不直接刷给自己的公司，而是刷给他朋友的花店，这个朋友后来成为了他上市公司的财务总监。刷卡的时候要先刷一次小额的进行试探，这个小额的是有名目的、客户知道的，然后再刷大额的、客户不知道的。即便客户发现大额的钱被刷以后，一般会觉得是搞错了，不会报案，而是打电话向敏克询问。敏克一开始会诚恳地说确实搞错了，一定马上返还。可实际上，他根本没打算还。客户再打电话，他就说没空或找不到人。在这种情况下客户只能报案，但告的不是刑事案，而是民事案。如果是刑事案，敏克可能会被捕，但民事案则只是财务纠纷，敏克不但不怕，还雇打手报复告他的人。

敏克还设计了庞氏骗局，在这个骗局里他为自己的公司打了很多广告，加上之前的一点明星效应，很多人都愿意把钱借给他。敏克把借来的钱用来填补之前的亏空，然后不断用新借来的钱，还给上一批借给他钱的人。这个旁氏骗局不但没有穿帮，反而让他的公司起死回生，越来越有名气。

上市纳斯达克

虽然这个公司名不副实，但还是引起了华尔街投资银行的注意，开始盘算把这家公司做上市。成为上市公司的总裁，受全世界瞩目，正是敏克所求之不得的。可是上市的过程相当复杂，需要审查很多的文件，比如公司的账目、签署过的合同、业务往来的记录等等，要想在这些东西上作假，一个高中都没毕业的孩子是做不到的。为此，他重金从金融圈里挖来了一个专业人士给他当帮手。这个人的工作是把小投资人的钱集合起来去投一个或多个短期的小项目，就像现在中国国内流行的P2P投资平台。这个人一开始还不知道敏克是个骗子，一直游说投资者借钱给敏克，当他后来得知自己是在帮敏克骗人时，为时已晚，无法脱身。为了让敏克的公司蒙混过关上市，这个人一共伪造了2万多份假文件，那是一个没有电脑制表和批量打印的时代，这些文件都是他用打字机一张张地打出来的！其中一份假合同的数字非常夸张，大概是说敏克公司一次清洁的地毯能覆盖一座摩天大楼。审计人员看到很奇怪，就找过来核实。这个人也很会演戏，把审计员们带到一个大厦里，说这里所有的地毯清洁都归他们公司。之前他做了铺垫，冒充大人物在这里参观，混了个脸熟，还买通了一个大厦前台，装作跟他很熟的样子，真是"套路玩得深，谁把谁当真"！

最后敏克的清洁公司通过了审查，成功在纳斯达克上市。上市当天就募集了5000万美元的股金。这些圈来的钱马上被用来填补公司以前的窟窿，解了敏克债务的燃眉之急。当然受益最大的肯定还是敏克，他手中股票的市值曾一度飙升到1亿美元。当时他只有20岁，是美国历史上最年轻的上市公司老板。各大媒体的争相报道，潮水般的鲜花和掌声让敏克站到了时代的风口浪尖，自豪满满。

然而突如其来地，敏克被捕，罪名是他早前干的坏事——盗刷信用卡。

突然陷落

前面提到过，敏克刚出道的时候盗刷信用卡祸害了一群人。为了应付受害人的追讨，敏克采取拖延战术，不行就雇打手恐吓。手头紧时这么应付也就罢了，可发财出名后还是没有补偿这些人，就让受害者感到极其愤怒了。于是有人通过各大媒体投诉他，引起了执法部门的重视。刚一立案，前面说的那个帮忙做假账的人就马上自首了，后来判了有期徒刑8年。敏克一开始还想装无辜，但面对确凿的证据也只能认罪，被判有期徒刑25年。敏克在监狱里受到感触，皈依了基督教。

点评与防范

敏克年轻到可能没听说过"庞氏骗局"这个词，就无师自通地搞了起来，可见庞氏骗局操作之容易。关于庞氏骗局的常见手法及防范，在本书之前的梅道夫案中已经详尽说过。敏克用的就是以前说过的光环法则，他从一开始创业就频频上电视，后来专门雇了一个广告公司大打广告。他要求公司的上千辆卡车刷成同一颜色、印同一商标。敏克能维持庞氏骗局的"成功"所在，是他从不拖欠贷款的交付，最后用上市筹钱的方式还清了所有的欠债。

敏克最后败露是因为他早年的信用卡诈骗。在中国，信用卡诈骗属刑事案，是严重的犯罪。三门峡市有两个人盗刷了7万多人民币各被判了5年。对付信用卡诈骗一定要做到冷静理性，如果你发现信用卡被盗刷，一定要立刻报案。如果刷卡的是以前消费过的商户，小额的话可以先询问一下，大额的话应该立刻报案。国内很多的信用卡盗刷和微信盗付都来自于黑客攻击，这确实比较难防。各种日常设备里最容易被黑的就是手机，所以用手机支付要格外小心，手机关联账户里的钱也不要太多。其次，个人电脑也容易被黑，开启防火墙是必不可少的。如果有条件，可以用一台机器专门用于网络支付和提交个人敏感信息，这台机器的配置不用很好，但要保证硬盘干净且有防火墙保护。

关于防止网络上的信用卡盗刷，中国的银行保护措施和美国的银行有很多地方不一样。在中国网上刷卡光有卡号姓名还不行，还要通过手机短信认证等其他验证方式来保证刷卡者就是持卡人，这一点比美国做得要好；在美国，理论上只要有卡号和姓名就可以进行支付。如果卡被盗刷产生了损失，银行会用保险的赔偿金补偿。当然，这保险也不是白上的，银行会增加信用卡利息。为了防范盗刷，美国很多信用卡公司都用网络大数据即时分析的办法来鉴别异常消费。比如说，我的信用卡平时的消费都是买尿布奶粉，如果突然在千里之外刷了两枚钻戒，那电脑系统就会认定信用卡被盗刷，马上冻结账户，并且这次异常消费也不会通过。如果一张信用卡短时间内进行了多种消费，并且跨越多地，则会给鉴别盗刷造成困难。为了保证识别系统的正常运行，银行有时会强制换卡，将之前的数据清零。一旦中国国内逐渐具备这种大数据分析的技术能力和硬件条件，这种办法在中国也可以适用。

坏事干尽的打
假斗士（下）

───── 关键词 ─────

操纵股价

内幕交易

敲诈勒索贪污

　　白瑞·敏克在监狱里蹲了二十几年，出狱时已步入中年，还成了基督徒。敏克出狱后一幅改过自新的样子，从事的职业是教会牧师。在教会眼里，有犯罪记录的人只要知道悔改就是好的，因为教会宣扬的就是灵魂的救赎和皈依。比如日本有的天主教神父以前曾是黑帮成员。

　　敏克讲道时，毫不掩饰自己的过去，反而拿出来当反面教材规劝大家。他生动地讲述自己情节跌宕的故事，加上形象和口才俱佳，来教会听他讲道的人越来越多，几年间教众数目扩大了10倍。

冲锋陷阵的打假战士

　　敏克是个很有精力的人，除了做牧师，他也开始关注别的事情。一次偶然的机会，他看到一家金融公司的广告，里面吹嘘的无非就是一年五成的回报、保本保息。作为资深的诈骗犯，敏克一眼就看出其中的猫腻，他在网上对这个公司作了一番调查，又实地跟踪了一下。这些小骗子哪里是敏克的对手，马上就原形毕露。敏克毫不犹豫联系了联邦调查局，并且协助侦查直到最后案子告破。

　　这次经历让敏克感到了自己更多的价值，原来除了在教会渡人之外，他还能在经济方面为这个社会发挥实质作用。在打击经济犯罪的队伍里，调查人员都是科班出身，所受的教育和训练都是以猎人的视角来看待罪犯。敏克的加入给这个队伍贡献不少，因为他能够以狐狸的角度告诉猎人怎样捕猎。

　　敏克打假确实很投入，一连破获了十几桩金融诈骗案，小到一两百万美元大到两三亿美元。在这些案子里，敏克并不只是在办公室里指指点点，好几次他都充当鱼饵冒充客户深入到诈骗公司里，身装窃听器摄像头，勾引骗子们说假话收集证据。他的新故事再次成为了各大媒体争相报道的材料，从此敏克摇身成为众人皆知的打假斗士。

　　如果故事在这里结束，那会是一个完美的弃恶从善的故事。可是这时候敏克又开始干坏事：敲诈与勒索。他找出甚至编造出一些公司的把柄，拿来要挟这些公司。他的目标是上市公司。原因有几点：

　　1. 他曾是上市公司老板，了解这些公司的运作方式，知道如何查找负面消息；

　　2. 上市公司很注重公众形象，更加忌惮负面消息；

　　3. 上市公司的股票可以自由买卖，只要能让股价下跌，他就能通过股票交易的方式获利。这最后一点已经涉及到了操纵股价的金融犯罪。

敲诈与勒索

有一次敏克找到了一家做营养保健品的上市公司，无中生有说这家公司开始在中国进行非法传销活动，给出了像模像样的人证物证，并把一摞500页的报告递交了给了美国证监会、税务局，还有联邦调查局。先不管这报告是真是假，只要这么折腾一下，这家公司的股票价格肯定就会大跌。

这家公司一开始告敏克诽谤，可是法院以言论自由为由驳回了指控。最后这家公司只好给了敏克十几万美元的封口费。

这十几万美元只是敏克的收获之一，通过卖空这家公司的股票，敏克赚得更多。卖空在中国就是融券，操作是这样的：你要是觉得这家公司股票过几天要跌，今天你就趁着股票价格还在高位的时候从券商那里借一些过来，然后马上卖掉拿到钱。等过些天股票真跌了，你就可以用低价把股票买回来再还给券商。为了让人能从股票下跌中获利，先卖后买是卖空的基本套路。敏克暗中先卖空了这家公司的股票，然后开始诽谤，等公司股票腰斩的时候，再以一半儿的价格把股票买回来还给券商，剩下的钱就归了自己。卖空本身不是操纵行为，但卖空加上新闻造假就是纯粹的操纵股市了。

被敏克勒索的还有其他几家公司。这些公司迫于压力，不管有事没事都选择交封口费了事。敏克的胃口越来越大，瞄上了一家世界500强企业——雷纳尔（Lennar）。1954年成立的雷纳尔公司在美国也是老字号了，该公司于1971年上市，从事的是住宅建筑的实业。可敏克硬说该公司是个庞式骗局，令该公司市值在一天内就蒸发了3亿多美元，比该公司一年的营业利润还多。为了证明清白，公司提供各种真实证据，公司高层也要求跟敏克公开对质，几次拒绝了敏克停战赔款的无理要求。敏克这边也不甘示弱，无中生有制造出各种假证据，还在网上发视频搞脱口秀讲假故事。双方你来我往斗了好几年。敏克的假证据逐个"见光死"，他的指控也逐个被否定，可他似乎依然没有收手之势。

突然有一天，敏克又被捕了。

突然陷落

跟二十多年前一样，敏克被捕连他自己都没预料到。这次的罪名是内幕交易。他在指控雷纳尔公司的时候，搜集了许多证据，虽然大部分是假的，但也有真的。其中一条线索来自该公司的内部人士，被他交给了联邦调查局，还炫耀说这是内幕消息。几天后联邦调查局的人发现敏克用个人账户交易雷纳尔公司的股票，这摆明了是内幕交易。审讯不到一个小时，敏克就认罪了，他还供认了以前其他的非法交易。这些罪名让敏克被判了5年，法院还判了一个天文数字的罚款：5亿8300万美元。此后的调查又发现敏克在教会还贪污了300多万美元，刑期又增加了5年。

点评与防范

为了赚钱，敏克干尽了各种形式的经济金融犯罪。他不是个很贪财的人，但他有一个比敛财更高的目标：名望。小时候被诊断患有多动症的敏克总是希望别人能把注意力集中在他的身上。从他高中时创业，到公司上市，再到当教会牧师、打假斗士，他都在努力干一件事：博得社会的认可和夸赞。你可能想不到，他通过贪污、内幕交易得来的那些钱都被用来投资一部根据他的真实故事改编的励志电影。他找了一个很有型的男演员演年轻时候的自己，中年的自己则由他亲自饰演。

很多人相信敏克是一个诚实敬业的打假斗士。但他滥用这些信任操纵投资者买卖股票的决定，从而让自己赚更多的钱。

他的行为并非没有破绽，他的股票交易暴露了他的真实目的：打假是为了恶意打压股价，股价下跌后他立刻买进。而如果打假的证据真实可信，股价是不会上扬的，也就没有买进的道理。所以真正负责任的打假人士，都会澄清自己在打假时没有利益瓜葛。好比有人揭露公司丑闻，会声明自己不会在事件后买入这家公司股票，同时还要保证他能影响到的人也不买入，不会让自己间接受益，此外他还会公开自己的交易记录、银行的转账记录来证明，才能增加自己的可信度。

在美国敲诈和勒索是两个不同的罪名。勒索（Blackmail）是指罪犯手里有受害人的把柄去索要财物；敲诈（extortion）是指罪犯手里没有人家任何把柄还索要财物，如果人家不屈从，就要采用非常手段报复，比如造谣、诽谤或暴力相向。敏克把这两件事都干了，也就是说他残害的公司，有的有把柄在他手上，有的没有任何污点。但审判敏克的时候却只有敲诈罪，没有勒索罪。这是因为被勒索的公司确实有不光彩的小辫子攥在敏克手里，这些公司不想闹到法院上去公开自己的丑闻，最后交钱了事。

在中国，对企业敲诈勒索的一般都是记者，或假冒记者的人。记者的报道对企业的名誉影响很大，所以企业就希望能有更多的正面报道，少一些负面报道。有的企业不惜送红包，贿赂记者进行歪曲报道，让他们做夸大其辞的鼓吹，或掩盖隐瞒负面的消息。这也是新闻媒体行业的一种腐败现象。在这个环境下，有人抓住了企业的痛点，也想顺势捞上一笔。于是他们冒充新闻记者，找到有问题的企业，比如污染超标或食品安全有问题的企业。这些假记者装模做样地调查一番，然后管企业要钱，不然就公布于众。这是典型的勒索。

其实中国的法律更倾向于保护被勒索的企业。在中国敲诈和勒索是一个罪名，也就是说不管受害企业有没有污点，伸手管他们要钱都是违法的。面对前来勒索的真假记者，只要企业搜集好了勒索的相关证据，比如录音录像，一经报警，就可以把这些记者绳之于法。勒索金额超过两万元就算数额巨大，可以获刑三年，这是很重的惩罚。综合考虑，企业的最优选择还是举报勒索。如果来勒索的是假记者，企业的不良信息就自然不会公开；如果来勒索的是真记者，那么因勒索而被捕的记者的报道也不太会被人相信。

有污点的企业面对敲诈勒索尚且应该直面相对，自身清白的企业就更不应该退缩。应对敲诈，雷纳德公司给我们做出了杰出的榜样：永不妥协。面对敏克的每一个指控，公司都毫不犹豫地接招，用各种方式据理力争。也许有人看到那段时间雷纳尔公司股票暴跌，会觉得这是个惨胜。但其实在一个成熟的股票市场里，投资者的眼睛是雪亮的，虽然可能在短期内因为恐慌抛售股票，但只要公司的质量经得起时间的考量，就会有更多的人重新购买股票。在此次风波中，雷纳德公司的股票价格从12美元跌到了 7 美元，但到了2015年8月，该公司的股票价格已经达到了53美元。

中国篇

危机的逻辑

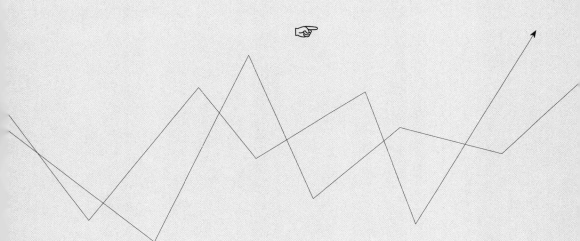

现货交易平台
的陷阱

┌─────── 关键词 ───────┐

期货交易

现货交易

实物交割

交易平台道德风险
└─────────────────────┘

人类商业文明起源于物品买卖。现场买卖就是现货交易，约定以后再买卖就是期货交易。在英文里现货叫spot，也是现场的意思。菜市场买菜一手交钱一手交菜就可以算作一次现货交易。期货的英文叫futures，就是要在将来发生的事情；中文的"期货"更达意一些，预期交换的货物。菜田里农民跟菜贩商定明年的小白菜供应，那就是期货交易。

如今在中国，大批量的农产品、石油、贵金属现货或期货交易都是在电子交易所或平台完成的。根据中国物流与采购联合会统计，2016年大宗商品通过电子交易的规模超过了30万亿人民币，非常接近当年中国股市近40万亿的交易规模。这些交易是最终有实物交割的交易，就是说交易完成后货物必须转手。

没有实物交割的现货和期货交易也很多。对同一批商品可以靠一买一卖赚取差价。买卖相互取消，就不用去触及实际货物。这本质是一种投机交易。因为这种交易具有极强的投机性质，很多想空手套白狼的人便踊跃入场，随之而来的金融骗局也越来越多。

中国的期货交易所非常规范，有国家统一的监管。骗局都是出在国内地方上的现货电子交易平台，这些现货交易平台规模很小，却都采用了期货交易所的模式，既炒现货也炒期货，让人误以为这就是国际化的金融投资。其实，这些平台只是中国独有的骗钱工具。央视也曾化装采访，深入报道过一些现货骗局。这绝对不是个别现象，这些现货交易平台的设置结构就决定了它终归就是一场骗局。

　　为了深入了解现货交易骗局的来龙去脉，需要先了解它们采用的期货交易所制度，进而才能明白现货交易的问题到底出在哪里。

期货交易起源

　　早在古巴比伦时期，人们就懂得事先说好价格和货物数目，然后约定在以后的某天交割货物和钱款，这就是期货最开始的原型。人类最古老的法典——古巴比伦"汉谟拉比法典"上面就有条文明确保护这种期货交易。

　　真正的期货交易所形成于江户时期（1603年~1867年）的日本。那时候日本武士的工资不是金币铜钱，而是主人发的大米。为了生活的吃穿用，武士们就要把大米换成钱。可是大米要等到秋收以后才能到手，武士们担心到时候大米被贱卖，就需要一些保障。这时候商人们就参与进来，跟武士们立下契约，规定将来收成之后以特定价格收购大米。当时的德川幕府在大阪建立了一个大米市场，叫堂岛米会所。这里一边是插着刀的武士，另一边是唯利是图的米商和钱商。他们每个人面对的都是交易所提供的唯一价格，不再需要买家卖家一对一的讨价还价。他们把将来的所有交易，都写成了合同保证，以后认真执行。

　　要是没有这个期货交易所，武士们发工资以后，就要先把大米存粮仓保管，然后一袋一袋扛到米市去卖。既耽误工作，也不能保证经济收入。

　　日本武士换大米，造就了最早的期货交易所。

期货交易所真正发展成了规模，还是在19世纪的美国。1848年，在水运发达的芝加哥建立了芝加哥商品交易所，后来也是世界最大的期货交易所。当时美国中西部的农业产出很多，但也不是旱涝保收。再加上美国人的吃喝需求也时时变化，这就让农产品的市场价格上下起伏。价格上涨会让农民欢喜，商人难过；价格下降会让商人欢喜，农民难过。不管商人也好，农民也好，他们都不喜欢这种未来的不确定性。为了避免风险，农民们和商人们在庄稼收割前就签订合同，合同里规定了粮食价格和数量多少。每一份合同都是标准化的合同，里面规定的粮食数量都是一样的，比如5000蒲式耳（1蒲式耳≈35.238千克）的小麦，或1吨棉花。在交易所里，人们不说买卖多少重量的农产品，而是说买卖多少份合同。

期货市场发展到今天，运用了高科技电子化的交易方式。期货交易所为客户提供市场信息，执行客户订单，为客户结算。交易所采用电子交易，客户不用亲自跑到交易所，直接在网上进行交易就行。交易所也会采用集合竞价，就是把买家的报价和卖家的报价都攒在一起，最后报出一个最优的价格。在这种体制下，期货的交易量大幅上涨。货物品种除了农产品，也发展到了金属、能源、外汇、股票指数等等。2016年亚洲的期货交易量首次超过了北美，成为世界期货交易的重心。

2015年全世界期货交易的交易量是248亿份合同。年交易金额至少在一千万亿美元以上，相当于美国年GDP的好几十倍。绝大多数交易其实最终并没有实物交割，而是通过美元来结算交易双方的盈亏。笔者曾与芝加哥商品交易所的主席谈话，这里每年真正过手的货物总值约两三千亿美元。这个数字很大，但只占交易所的交易额的5%，也就是说期货交易实在太过频繁。

期货的投机性

在武士换大米的时代，期货都是100%按合同履行的，最后一手交钱一手交货。这种实物交割的模式，保证了货物最终用到生产生活中去：大米能上桌，石油能进工厂，外汇可以用于进出口结算。可现如今，最后能实物交割的交易量，只占总交易量的2%！剩下的98%全都没有实物交割，全是在炒期货。

什么是"炒"？那就是没有实物交割的交易。举个例子：一个人买一份货物，当天再把这份货物卖了，结算的时候他的货物的记账就是零，不需要进货也不需要送货。这个人这么做，是想以较低的价格买进，较高的价格卖出，空手套白狼挣得差价。这本质上是一种投机行为，在金融市场很常见。在以前的计划经济国家（也包括纳粹德国），这种行为被称为"投机倒把"，算刑事罪。中国以前法律里也有投机倒把罪，最高能判死刑，但后来随着经济的市场化转变，这项罪名被取消了。

今天的期货投资本质上成了一种投机交易。投机和正常投资的区别就在于是否有更多价值产生。如果把钱投给牧场，牲畜繁殖会带来更多价值；把钱投给油井，产出石油会带来更多价值；把钱投给运输商，也会从运输费里得到价值。相比投资炒期货就是在投机，跟货物商品的输送与利用一点关系都没有，对实体经济里的衣食住行，也就没任何帮助。在期货市场里，买卖合同相互取消。在这些相互取消的合同中，牛肉还是牛肉，石油还是石油，货物依旧原封不动，没有任何的经济价值贡献出来。再减去交易手续费，总利润就是负的。在一个负和博弈的环境下，即便有人挣钱，那也是因为有人亏钱。这种利润模式用"损人利己"来形容再合适不过了。

　　这种投机交易并不是一无是处，至少它为商品的供求双方提供了保障。而且，期货交易可以让更多信息反映到价格中去：手上有好消息就去买进，价格就会上升；手上有坏消息就卖出，价格就会下降。这样各种信息就会融入价格，让价格更加准确，也就是常说的提高市场有效性。举个例子，我炒石油期货，得知石油明年会减产，到时候明年的油价很高。现在这个消息只有我知道，市场上别人还都不知道。趁着现在的期货价格还比较低，我低价买入，为的是明年价格上去以后，卖出挣钱。因为我的买入，现在的期货价格会升高一些，更加贴近明年将要发生的实际价格。

　　在美国期货价格对将来实际价格的预测达到了非常精准的程度。再举个例子，佛罗里达中部盛产橘子，占了全国90%的产量。怎么可以预测未来橘子的价格呢？有两种途径：1. 看佛罗里达地区的天气预报，因为只有这里的天气才能影响全国橘子的价格；2. 到交易所看此时橘子期货的价格。结果人们发现，期货价格竟然比天气预报还要准确！

现货市场正解

　　金融英语里大宗商品叫commodities。可国内却有人把commodities翻译成现货，让人觉得大宗商品就该通过现货交易方式进行。这种翻译是不对的，而且也产生了很大的误解：commodities只是货物本身，不是交易形式。实际上，国际上大宗商品都是通过期货形式进行的。那是因为要买大宗商品必须提前说一声。这些货物都储存在世界各地，买卖当天就提取货物根本不可能。

上文提到，国际上大宗商品交易完全是采用期货交易的形式，即：在未来的某天以约定的价格进行交易。新闻上报道今天的油价，实际上是短期期货的价格。很显然，买家当天不可能把上千桶的石油收归己有，因为他们远在中东、北美的炼油厂或出口港。要进行实物交割，通常要等到一个月后才能完成。

国际上的现货交易（spot trading）都必须有现场的实物交割。在股市买股票，钱交出去股票也到账上，股市就可以看作是股票的现货交易所。跟银行换欧元就是外汇的现货交易，银行就可以看作是外汇的现货交易所。如果要对大宗商品如玉米、石油、铜进行现货交易，那就需要成千上万辆运输卡车、叉车、仓库等等这样的配套设备，来确保每天交易的完成，这根本不可能。所以，国际上没有大宗商品的现货交易所。

中国有几家大的现货交易所。虽然名为现货交易，但进行的并不是现场交易。现货交易所的主要活动是未来中短期的合约交易。本质和期货差不多，只是更自由一些。而且交易过程中都采取了期货交易的模式。

炒现货

同样的5000桶原油既可以贴上期货的标签，也可以贴上现货的标签。

现货交易很多是T+0的实盘交易，T就是time，交易现货的时间，+0 的意思就是要在交易后的第0天，也就是交易现货的当天把货物交割过去。炒现货需要玩家把买进和卖出都安排在同一天，这样才能让买卖相抵自动清仓，这样炒家就避开了货物转手传递带来的麻烦。炒家只需要利用买卖的价差，达到投机盈利的目的。

期货交易中，投机者要给出特定的未来价格，也是给了农民、商品厂家一个价格保障。实际上，期货炒家承担了从现在到未来的价格风险，这也是期货的积极作用之一。但是现货交易并没有这个作用，因为在现货交易里敲定的只有今天的价格，与未来风险毫不相干。

炒期货可以为市场贡献信息，炒现货却不能，炒现货的一买一卖都必须在当天八个小时之内完成。在这么短的时间里，任何信息都反映不到价格中去。假设要想在一天之内靠信息挣钱的话，就要具备几个不可能具备的条件：1. 我获得有用信息，如石油减产，必须在当天进行交易；2. 其他所有人也必须都在同一天也获得这条消息，跟随我交易；3. 我的消息来源要比其他人快几个小时，但不能超过一天，这样才能保证我的先知先得。如果这些条件都不具备，我也就不会去费力挖掘消息了。

总之，炒现货纯粹是一个赌博游戏。任何相关的市场信息都派不上用场，炒家只能紧紧盯着现货价格和交易量的变动，像盯着赌盘里晃来晃去的骰子一样，猜点大点小。

中国的现货交易平台

我们经常会接到骚扰电话，问有没有兴趣炒黄金、炒石油、炒白银现货或期货。这些电话都是现货交易平台打来的，一遍接一遍的骚扰，用各种高压传销的方法来骗取人们参与。参加现货投资的人一旦进去，少则几天多则几个月就亏得底掉。媒体曝光以后，各地政府才开始打击这些现货交易平台。可是坑人的现货交易平台还是前赴后继，灭掉一批，又出现一批。

在这里要做一下区分，在中国期货交易非常正规，全国一共只有4个期货交易所，由证监会统一监管。你要想炒期货，自己炒也好，通过基金投资也好，都只能通过有正规牌照的期货公司。一切其他的期货交易平台都是非法的，很容易识别，所以被骗的人不多。真正出问题的都是地方上的现货交易平台。这些平台没有实际货物，纯粹为了投机赌博而设立。这些小平台也不像正规的现货交易所那样和整个市场相连，而完完全全是各自为政、资金封闭的小场子。现货交易平台这种独特的设置在国际没有先例，在中国却被叫做"金融创新"。事实证明，这些都是彻头彻尾的骗人工具而已。

现货交易平台的旗号上，都有类似"国家政府批准"这样的标语，来增加可信性。虽然这些现货平台都是通过合法途径申请建立的，但它们并不是由国家统一管理的，而是由各地政府批准并监管的。中国有600多个城市，每个城市都可以审批一家或多家现货交易平台。这也是近几年现货交易平台数目膨胀的原因。与此同时，各地政府金融方面的水平，肯定比不上国家统一的监管部门水平。尤其是在偏远的地区，接触金融行业较晚，政府人员的经验和知识水平还达不到识别现货骗局的程度。在这样的环境下，现货交易自然良莠不齐，骗局也就随之涌现。

现货市场为什么要由各地政府来审核批准并且监管？原本的用意是好的，为了物流方便。在正规的现货交易里，买卖的时候货物就要在现场。如果稀土现货大多存放在云南，那最好就云南省政府来设计稀土的现货交易。海产品现货在天津港，最好由天津市政府来管。如果现货交易都产生实际交割的话，这套制度肯定是对的。

然而当现货市场演化成投机市场，现货交易脱离实物交割以后，这套制度的优势就没有了。比如，炒稀土现货，当天买一单卖一单，两单相互取消，没有任何稀土的交割甚至是产权变动。也就是说，只要有网络和交易平台，不光在云南可以炒稀土现货，在河北也可以炒，在青海也可以炒。这样河北就有了稀土交易平台，新疆就有了海产品交易平台，内蒙古有了荔枝交易平台。各地的平台里交易的不再是各地的物产，而是可以设立的任何名目，为了交易而交易。现货市场就这样走偏了。

现货交易的"金融创新"

真正把现货交易平台引向绝路的是所谓的"金融创新"。金融创新说白了就是在金融市场上创造新的发财方式，可以是新颖的投资产品，也可以是新颖的交易方式。金融创新的目的是为客户创造更大的价值，但骗子现货交易平台却打着"金融创新"这个旗号，只为自己创造价值。客户却成了它们利用和坑害的工具。

现货的"金融创新"有什么？花样很多。在骗子平台的台词里，炒现货非常容易：跟股票比，现货可以随意卖空，加杠杆；跟期货比，现货门槛更低，出结果更快。

卖空在股市里这叫融券。股票融券非常有限，因为要先把股票借到手才能卖空，而借股票一般都很困难。但现货就无所谓，因为一买一卖都在同一天进行，只要没有实物交割，先买还是先卖都一样。卖空听起来像多了一个挣钱途径，实际上也是多了一个输钱的途径：如果价格上涨，卖空就亏了。卖空赔钱的上限要高于买进。买进不管怎样，就是把钱都亏掉，也就是负100%的回报。而卖空的损失则无下限，卖空的回报是价格上涨的负值，如果价格涨了500%，卖空的回报就是负500%。

加杠杆就是借钱来炒。投资学也借用了物理学的杠杆原理：人们都知道撬门要是有个铁杠杆就会更容易，阿基米德也说过给我一个支点我可以撬动地球。同理，在投资里加杠杆也是想让挣钱更容易，这个杠杆就是借来的钱。比如客户有1块钱，交易所再借给客户9块钱，一共10块钱去炒期货，这叫做10倍杠杆。要是期货涨10%，10块钱变成了11块钱，客户借的9块钱还了，还剩2块钱。对客户来说，1块钱变成了2块钱就是100%的回报，也就是价格上涨10%的10倍。听着很美好，但要是价格下跌，负10%的下跌，10块钱变成9块钱，9块钱还交易所，客户就亏得一分不剩。负10%的价格变动就放大成了负100%的回报。

有的现货平台提供的杠杆很夸张，到了50倍。也就是只要期货价格只跌2%，客户的钱就都没了。高杠杆的经营，只存在于非常稳定的行业，比如美国波音公司，市场地位极强，它的收入稳定，可以把杠杆加到10倍。但金融市场风险一般很大，如果加上50倍杠杆，就是置客户于死地。美国金融危机时倒台的华尔街公司，本质原因就是加了几十倍的杠杆。

加杠杆其实就是加大风险，这对交易平台是有利的。风险之下客户要是赔钱了，加杠杆借的钱要原数奉还，赔的全都是客户自己的本金。客户要是挣钱了，这钱也拿不到，因为交易平台根本不会让客户套现走人，有时说账户管理出了问题，提不出钱来，有时说程序出错，那次赚钱的交易根本没有完成，总之想尽办法让客户把钱留在交易平台接着炒，直到最后输光为止。有的现货平台的杠杆甚至都是假的，美其名曰"虚拟杠杆"，明明平台自己没钱还要借给客户钱，只是在纸面上给客户加了杠杆，凭空放大客户的风险，从中牟利。

投资期货和投资现货的门槛不一样。期货投资人必须要有足够多的资金才能交易，所以投资者都来自高净值人群，一般有足够的水平识别骗局。而现货交易平台把门槛设得非常低，一两千块钱，就可以开现货账户。对于现货交易平台来说，反正都是没有实物交割的投机交易，拿多少钱炒都一样，只要每天一买一卖相互取消就行。因为门槛极低，很多退休的老人、文化不高的人也就能进入现货这个圈子。他们对金融没有认识，也就更容易上当受骗。

若是炒期货，一买一卖可以相隔好几天甚至几个月，时间一长，就有了很多不确定性，还会扰乱心情。而炒现货的买和卖都要当天完成，输赢立竿见影。这就符合很多人想急切看到结果的心态，就像赌马十几秒见分晓那样痛快。大家觉得这样挣钱会很快，其实死得也会很快。

总之炒现货让人感觉很容易，其实赔钱也更容易。

现货交易平台真正创新的是它坑人的方法。平台下面会设置会员单位，这些会员单位的利益和交易平台是相符的，而和客户是对立的。一个会员一般都是十几个人的骗子公司，为平台招揽客户，同时也在交易中坑害客户，确保客户血本无归。怎么让客户把钱输光呢？经常的做法主要有几个：一个是误导客户，包装一个分析师装模做样地分析指导，骗取信任以后，再让客户做亏钱的交易；第二个是在交易程序上作弊，让客户挣了钱撤不出来，或给出虚假数据，让客户做出错误判断；第三个是赢得客户信任以后代为操作，异常频繁交易，让客户支付更多的手续费给交易平台；最伤人的是找机会恶意亏损，这样客户亏钱了，交易平台挣钱了，他们再从交易所拿提成。

点评与防范

⚙ 现货交易的骗局根源

金融市场的其他行业，如私募基金或股票经纪人、从业者和客户的利益是一致的：基金经理和经纪人都会从客户的盈余拿到提成，客户挣得越多，他们也就挣得越多，利益相符才能保证行业长期的稳定发展。而在现货交易平台里，交易平台和客户的利益却是根本相对的，这才是骗局横生的原因。

现货交易平台的设置决定了平台和客户的利益根本对立：

各地建立的现货交易平台，完全脱离了整个现货市场。市场上的现货价格对于每一个交易平台完全是一个外生因素（exogenous）。假设，面对场外价格的变化，如果一个交易平台的所有客户都猜对了，那就全都赚钱了。

客户挣的钱从哪里来？整个交易平台都是封闭的，所有的钱只在交易平台这个小池子里流动，不跟外界接触。如果所有客户都挣钱了，交易平台就只好拿出自己的钱交给客户。反之，如果所有客户都亏钱了，那么亏的钱就进了交易平台的口袋。也就是说，交易平台实际上是在和客户争夺池子里的这些钱。这就给交易平台坑害客户创造了作案动机。

在正规的交易所，这种情况就不会发生，因为交易所就是整个市场。价格是一个内生因素（endogenous）。价格影响买卖，反过来，交易所的买卖也决定了价格起伏。假设，全国所有的荔枝现货全都在海南的一个现货交易所里交易。如果所有人都去买荔枝现货，价格虽然上升，但这并不能说明所有人就会挣钱。要想挣钱，要把买来的现货卖掉，如果所有人都去卖，这样价格就落回原处。价格根据买卖一涨一落，只有先买先卖的客户才能挣钱，而后买后卖的客户只能亏钱。大家的盈利加在一起永远是零，所以也就不会影响到交易所的盈亏。所以交易所的利益和客户的利益没有冲突。

✿ 人的大脑

很多人明知道这些现货交易平台都是私设赌局，也明知道十赌九骗，还是掉进了骗局陷阱，只用人性贪婪来解释是不够的。如果先前尝到甜头，而忽视以后的风险，可以说是人性贪婪。但一次一次的亏钱之后还是要往里投资，这就不是人性贪婪能解释的了，这应该叫赌博上瘾。究其原因，是人类大脑对风险的依赖。

有一项权威科学研究报告，人体大脑有一个专门的区域，处理感知的风险。这个区域在接受风险的刺激时会释放一种化学物质，使人产生一种满足感，这和坐过山车给人的快感差不多。而且风险让人上瘾，就像喝酒、抽烟上瘾一样。对风险上瘾的人不在少数。这也就解释了为什么那么多人赌博上瘾的原因。在行为金融学上研究也发现，人们在亏钱越多的时候，大脑对风险的渴望就越强烈，就越容易去做冒险的事情。

所以现货交易平台的骗局之所以猖獗，除了欺骗客户之外，还抓住了人们对赌博、对风险的依赖。现货价格跳动之间，人的感官和心理也受到了风险的冲击。这种风险让明知会亏钱的人也进入局中，明知挽回无望还要接着下注，直到他最后破产。

人们因为享受风险而承担的经济损失，可以看作是对风险的消费。这些消费的合法场所在哪里？你可以去澳门、摩纳哥、拉斯维加斯这些赌博业发达的地方看一看。这里的赌场只要一开，客人就源源不断，他们过来享受风险带来的刺激，也为此花费许多。赌博业永远是个造钱的产业。来自赌场的收入也造就了这些繁华的赌城。在美国的好多赌场都有配套设施，极为便宜的酒店，免费酒水，甚至免费给你做指甲，目的就是吸引你来赌博，由此可见赌场的利润空间有多高。美国政府为了补贴贫穷的印第安部落，给他们颁发开设赌场的许可证，来代替现金补助。在中国也有一些赌博性质的彩票经营，但要求赚得的收益只能用于公益事业。

✿ 监管方面的启示

在中国，聚众赌博是违法的。当现货交易平台演变成赌博平台时，就应该以同样的法律来制裁。如果现货交易欺骗客户，就应该以诈骗罪论处。

现货交易平台不是国家统一审批和监管的，而是由各地政府审批监管的。笔者不同意现货交易骗局是官商"勾结"的民间说法。笔者更认为骗局的主要原因是一些当地政府金融知识不足而盲目审批，之后监管力量不足，监管不到位。当然，当地政府也对自己管辖范围内出现的骗局负有责任。

地方政府审批监管并没有错，关键是要有一套统一的制度。像中国的期货交易所的制度一样，要保证有足够数量的实物可以交割。现货交易毕竟是一手交钱一手交货的交易，脱离了实物商品就是纯粹的投机，这种投机对实体经济没有任何意义，反而耗费大量的社会资源。

发展现货交易的宗旨还是为实体经济服务。如果正常发展，可以让大宗商品以最合适的价格，输送给最合适的消费人群。现货交易可以让新疆的人们能吃到辽宁的海鲜，辽宁的人们也能吃到新疆的哈蜜瓜。促进各地的物流发展，提高人民的生活质量。

如果同一现货在多个交易平台进行交易，那么就要保证这些交易平台与全国整个现货市场相连接。在这个统一的系统里，每一个投资人都是现货市场的一部分，他们买卖的交易量都会反映在整个系统界面之下。这样交易平台就不再是一个封闭的小系统，交易平台与客户的利益冲突也就从根本上解除了。

金融小贴士
Financial Notes

● 国际炒期货的套路

　　我现在买了一份牛肉期货合同，合同里有一个交割日——明年三月第三个星期三。合同里牛肉的价格是每磅1块钱，买合同的时候不用付，交割的时候付。买了合同以后，我做的唯一的就是观察牛肉期货的价格，要是在交割日之前价格上涨到了3块钱，我就再以3块钱卖另一份期货合同，交割日必须也是明年三月第三个星期三。我虽不是牧场主没有牛肉拿来卖，但我可以用先前买的期货合同来抵消：到了交割日，一边用1块钱买牛肉，一边用3块钱卖牛肉。这里面没有牛肉交易，而只是同时履行两个期货合同。我根本不用碰任何牛肉，赚得2块钱的差价，这就是炒期货挣钱的路数。要是买了期货之后价格下跌该怎么办？按照买入的期货合同，一份牛肉期货里有牛肉5万磅（1斤=1.1磅），我要是把牛肉买来自己吃，一天吃一斤够我吃120年。所以我根本不可能按合同去买牛肉，不管期货价格跌多少，我都要把这牛肉期货处理掉，唯一的办法是卖另一份牛肉期货来平仓。不管亏了还是挣了，货物最后都要清零，这炒期货里的一买一卖（也可以先卖后买）就贡献了两个合同的交易量。

赴美上市股的
连环计

┌─────── 关键词 ───────┐

公司上市

买壳上市

纳斯达克交易所
└──────────────────────┘

赴美上市股票日渐风靡

　　提到投资，人们往往会想到股票。买卖股票比买卖房地产容易，成本小，投资也没有上限，要是赶上一天股票涨停，相当于银行存款两三年的利息。所以股票投资一直是一个热门话题。人们因为股票疯狂过，也因为股票伤心过。2015年国内的股灾让很多人心有余悸，人们见识到了股票市场的风险，变得比以前更加谨慎。既然投资中国股票会有风险，那能不能投资大洋彼岸美国的股票呢？

　　虽然美国股市也一样有风险，但长期的回报还是很可观的，尤其是在金融危机结束之后。比如，纳斯达克股指（大抵相当于深指）从2009年到2017年涨了四倍。这确实很让中国股民心动。除了涨幅可观，投资美股也可以分散自己的总投资、降低风险。再考虑到美元可能升值，国内不少投资人希望投资美股。

　　以前中国一直限制股民用境外账户炒股，投资美股必须要经过外汇管理局批准。中国股民只能投资国内A股。2016年开始逐渐放开政策。随着合格QDII和QDII2政策出台，让这种境外投资变成了可能，一些券商联合基金公司也发放了相关的投资美股的基金项目，可供国内股民投资。

　　在股票投资中，公司上市是最能影响股价上涨的事件之一。在中国也好，美国也好，一个公司能上市是件很不容易的事情。要通过层层审核考验，达到各种要求才能获得批准。再加上很多公司上市前就已经有了名气，所以公司一上市往往就得到追捧。根据真实数据，近三十年美国公司上市的当天股价涨幅平均能达到20%，上涨100%的也不在少数。

要抢到美国公司的上市股票不是一件容易的事情，因为面临的竞争对手都是国际级的投资银行、对冲基金这样的高级玩家，如果想在美股上市时分到这一杯羹，最容易的是从赴美上市的中国公司下手，毕竟投资本土的公司能够占据"天时地利人和"，在上市前拿到原始股也更容易。这就让赴美上市的公司在中国很有市场。再加上外围的公司和组织看到有利可图，也参与进来充当中介，让赴美上市股的投资变得更加"方便"。

一级半市场的黑心中介

公司上市以后往往价格飙升，所以要想挣大钱，最好赶在公司上市之前把股票弄到手。而在A股也好，美股也罢，老百姓能买到的股票都是公司上市后的股票，公司上市以前的股票都被大投资人包办了。这些投资人资金雄厚，吞吐量很大，而且他们还和上市公司有着各种关系往来。相比之下，小散户根本没能力从中分一杯羹，只能望眼欲穿。

很多中介机构看出了股民的心思，就别出心裁地发明了"一级半市场"。所谓一级半市场就是介于一级市场和二级市场中间。一级市场是指公司上市以前，大投资人批量购买上市公司的股权；二级市场是指上市以后，股民之间买卖分散的股票。在中介的一级半市场里，整个股权被拆成了分散的股票，在公司上市之前卖给小股民。这样小股民就可以靠着公司上市赚钱。

在中国国内，一级半市场投资早已屡见不鲜，2000年初的时候，光在上海就有200多家这样的中介公司。一级半市场其实是缺乏国家监管的黑市，秩序混乱，骗局丛生。中介公司很多都是没有证券从业资格的骗子公司。他们大肆推销的股票很多甚至都是虚构出来的。他们擅长用电话推销、免费理财讲座、投资推介会这样的办法，来骗取投资人的信任。推销美股骗人更加容易，因为人们对美国股市更不了解。

虽然当年的一级半中介已经悉数被国家取缔，但因赴美上市股的浪潮兴起，一级半中介又开始卷土重来。这一次它们更多的是合法机构，比如有执照的券商或基金公司。卖给你的也可能是真实的赴美上市股，但骗局并未因此消沉。更多情况下，这些合法中介会用不切实际的宣传，让你相信利益丰厚，引诱你多投资。

笔者曾经接触一个基金，贩卖的是一种通过并壳上市美国的中国公司的股票，基金吹嘘盈利会在短期内达到200%。笔者不信，便从美股数据库里，调出了所有通过同样手段上市的股票的数据，结果发现这些股票的平均回报是负的，类似200%的回报从未发生过。当笔者质问基金经理的时候，他也只是搪塞说这是他们专业团队估算的结果。

这个基金公司干的事情是不当销售：用将来不切实际的回报来引诱，卖给投资者伪劣产品。吹嘘的故事无法及时验证，加上各种可能又时时存在，所以这种狡猾的做法非常普遍。

点评分析

股民还是应该了解公司上市是怎么回事，才不会狂热追捧以致上当受骗，才能抵御中介的各种欺骗。在这里要重点讲讲人们对公司上市的几个认识误区：

✿ 上市当天股票飙升

经常有这样的新闻，美股也好，A股也好，公司上市当天股价飙升。比如阿里巴巴在美国上市当天股价涨了38%，一副炙手可热的样子。其实这一天的股价上涨跟中小股民没有关系，因为公司一上市，股票是要先卖给大基金公司、投资银行这样的大客户。股票在上市之前就已经内定好了，只有极少的股票零售出去。也就是说上市以前股票就已经卖给了大的玩家，股票涨钱也是肥了他们的腰包。中小股民能做的，也只是上市一两天以后跟着买进，这个时候价钱已经很高了，利润空间也大为减少。

✿ 上市公司的利益出发点

就像有的姑娘想在最好的年华嫁人一样，一家公司也是选在自己最风光的时候上市。所以，公司上市的目的之一，就是要把自己的股票在资本市场上卖个好价钱。很多时候，上市时股票的价钱要高于价值。股票的价值是什么，不是公司厂房设备这样的硬资产，而是公司的利润。比如说一支股票今后可以给股东带来100块钱的利润，那它的价值也应该是100块钱（为了简明，先不考虑资金成本和风险问题）。但是如果这家公司很能炒作或者股民盲目乐观的时候公司就可能以300块卖出股票，这个时候公司就有足够的理由去上市，卖掉股票，让公司的老板们和原始股东大赚一笔。相反，如果股民们不太确定这支股票的价值，只愿意出50块钱买它的股票，这个时候公司就会把股票留给自己，接着收利润，闷声发大财。总之买的没有卖的精明，上市卖出的股票，大多数情况下都是价格高于长期价值的。

在美国，刚上市的新股票，表现明显不如上市已经很久的老股票。所有上市公司的股票回报，又要低于投资非上市公司的股权回报。在这些不公开的股权投资里，都是大户之间的利益分配，比如软银资本和阿里巴巴，高瓴资本和京东。相互之间更了解，关系更近，投资的回报也会更高。而上市公司和散户股民的关系可就远了，所以外场的股民能拿到的回报相比之下就少很多。

✿ 公司上市后的三年

如果公司上市时的股价是被高估的，那么在上市之后股票的表现必然不会很理想。这一点已经被牢牢地印证了。在美国，公司上市三至五年的股票的涨幅明显低于其他早已上市的公司的同类股票（相同行业，同等资产数额及其他指标）。以阿里巴巴为例，虽然美国上市当天股票涨到了93美元，但到2017年3月，股价却只有区区104美元。而美国其他的股票，涨幅要高于阿里巴巴27%。

很多公司像阿里巴巴一样，刚上市的时候会有一两个月的蜜月期，短时间内股民趋之若鹜，使得股票疯涨，但长期来看，股票还是不会上涨很多。相比之下，那些上市已久、各方面相对成熟的公司，表现都是不错的。虽然也有大牌公司的长期表现很优秀，但这毕竟是少数现象，不能代表整体。在中国，刚上市公司的长期表现也好不到哪去。大多数的研究都证明这些公司表现略差，以2000年~2002年尤为明显。有些研究看到了一些小上市公司表现还行，但优势并不显著。

赴美上市的连环计

中国政府是允许中国公司海外上市的，但又不允许外国人控制国内的敏感产业，如互联网、教育和传媒。国家的这一政策可给很多公司出了难题。公司要想上市海外，就要避开这一限制。首先要做的就是在离岸地区另设一个壳公司，这个壳公司不需要有资产、运营或雇员，只需要与国内的实体公司对接就行了。对接之后，壳公司成了母公司，中国实体公司成了子公司。最后上市其实是把这个离岸壳公司推上市。虽然这个离岸壳公司名义上是中国公司的母公司，但它并不直接拥有中国实体，它们之间只有现金输送的利益关系。外国投资者可以通过这种结构，获得中国公司在国内的盈利，但直接参股控制是不能的。

在公司制度下，如果投资了母公司的股份，就等于拥有了母公司所有资产和运营的控制权。但是在造壳上市的结构之下，中国实体的高管同时也是离岸母公司的高管，这样就确保了控制权仍掌握在中国人手中。所以中国政府对这种做法一直采取默许的态度。

造壳上市这个套路使起来得心应手，因为在海外建立壳公司非常容易，成本也就几千美元不到，不用交当地税，还能躲过中国政府的检查。于是乎国内的公司掀起了大规模的海外造壳运动。赴美上市的新东方、百度、阿里巴巴、去哪儿网也都无一例外的是造壳上市。

不管怎样，造壳上市也是正规上市的一种，也要通过美国证监会以及股票交易所的审核，所以上市的公司质量还有所保障。那么质量差劲的公司也想要上市，通不过审核，上市是不是就没戏了？有戏！可以买壳上市。

所谓买壳上市就是把已经上市的别的小公司当作壳买下来，把它的上市资格占为己有，让自己也成为上市公司。这个过程分两步：一是买壳交易，非上市的中国公司购买一家已在美国上市的公司的股份，绝对或相对地控制这家上市公司；二是资产转让交易，拿到控制权以后，原先的非上市中国公司命令上市的美国公司收购前者的资产及营运。这样一来，原先的中国公司就被吸收到了这个上市壳子里，成了上市公司的一部分。公司买壳上市以后，可以继续发行股票，一样能圈钱。

买壳上市和其他上市不一样的地方就是它不需要通过严格的上市审核，所以理论上，不管什么样的烂公司，只要有钱就能买壳上市。为了维护中国企业的海外声誉，中国政府明令禁止国内公司在国外买壳上市。上有政策，下有对策。既然本土公司不能买壳，就用离岸的公司去买壳。套路就是先在离岸造个壳子，成了中国本土公司名义上的母公司。然后再用这个母公司去买壳上市。这样做的中国公司特别多。2001年~2010年，在美国买壳上市的中国公司一共150多家，占了买壳上市的非美国公司的85%。

除了买壳上市，还有一种手段是"并壳上市"。通常是先造个离岸壳子，把它推上市，然后国内的公司再跟这个壳子合并。在离岸造的这个壳子，不会直接成为中国公司的母公司，而是作为一个单独的金融公司（全称是"为特殊并购目的而建立的空白支票公司"）到美国上市。把这个金融公司推上市毫不费力，因为根本就没什么内容可以审查。轻松上市以后，这个金融公司和中国的公司进行合并。虽说是合并，但国内公司最后占的股权是绝大部分，结果和国内公司买壳上市是一样的。这种玩法虽然很新，但非常流行，占了美国新上市公司的三成（2008年~2009年统计）。新上市的公司表现最差的也是它们，这在意料之内，因为这种上市就是帮着烂公司钻空子。

《三国演义》里庞统用了连环计，把曹操的战船用铁链连在了一起，克服了船在水浪上的颠簸。中国的企业为了海外上市，也一样把国内的公司和离岸的空壳公司连在了一起。这些造壳、买壳、并壳的手法，让中国企业绕开了中国政府的限制，最终登陆美国。

上市公司在美国的欺诈

有个在美国上市的中国公司叫泓利煤焦，总部在煤产丰富的河南，业务是挖煤、炼焦，据它自己说公司也有节能燃气的大规模生产。2010年这个公司为了在美国纳斯达克上市，搞了很多动作，一个壳套着一个壳：

先在英属维京群岛建立一个壳公司，然后用离岸壳子在中国建立了一个子公司，算是个外资企业。这个中国人建的外企跟泓利煤焦签订协议，按协议泓利煤焦的盈利要通过这个外企上交给维京群岛的母公司。之前泓利煤焦在美国的佛罗里达也建立了一个公司。佛罗里达是个适合旅游的地方，没有煤矿，没有冶炼。在那里的公司纯粹就是个壳子。然后这家美国公司又成了维京群岛壳子的母公司，成了泓利煤焦姥姥辈公司。为了买壳上市，佛罗里达的壳公司收购了一个加拿大的壳公司。当时这个加拿大公司还在场外柜台下交易，算是个"新三板"公司，后来没过多久就在纳斯达克上市了。

泓利煤焦上市的名字叫SinoCoking，翻译成中文就是"中煤焦"，跟中石化、中国电信的名字一样，都打着"中"字头。其实中煤焦的公司规模很小，只有1亿多美元的资产，上市股票的账面价值更是少得可怜，只有2.3万美元，这是每股1厘钱的账面价值和2300万股票的乘积。后来发行的股票市场价到了几块钱，但市值也只有600多万美元。市值最高的时候也不过两三千万。国内有的网站说它的市值40亿美元，纯粹是捏造。

在这家公司的上市文件中隐瞒了很多内容，其中很重要的是大股东的背景记录。公司上市之前，中煤焦大量的股票被私下卖给了美国的大户。几个主要的大户竟然都有犯罪前科：恶意卖空、无照经营、会计造假、徇私舞弊。这帮人最擅长的还是操纵股价：把股价吹起来再甩手卖掉，从中赚得暴利。里面有一个人还是个资深股市操纵者，他还曾经在那家以操纵股价闻名的"华尔街之狼"的公司担任过头目。这么多坏蛋凑在一起肯定不是偶然。很显然，泓利煤焦是想通过他们的"经验"和"力量"，把股票价格哄抬上去，并从中获利。

发行之初，中煤焦的股价从6美元很快就窜到57美元，几周以后又迅速下跌到5美元上下。股价这样大起大落，说明背后操纵力量非常强大。

庄家炒作都是借着一点消息煽风点火，所以炒作还是需要内容的。这就需要中国这边配合着输送弹药。中焦煤有一次放出信息，中国工厂将会加大产能，每小时两万五千立方米的清洁燃气的产量将会提高到每小时88万立方米的产量，这个消息一出，市场上马上谣言四起，说公司的股票会上升1000%，股票操纵也由此而起。有人怀疑这些消息是假的，但更多人都选择了相信，因为中焦煤以前表现挺诚实，没有夸大吹嘘的不良记录。其实说谎的秘诀就是把假话掺在真话里说，这样才有人相信。虽然中焦煤以前的信息发布都比较靠谱，但这一次提高产量几十倍的消息绝对是吹牛，因为这需要的投资相当于公司总规模的三倍，根本不能迅速完成，而且当时中国的政策是限制产能，地方企业违背了就会受到惩处。

泓利焦煤后来并没有扩大产量、增加盈利，反而干了一件特别损的事情。2015年，也就是上市的第五年，中焦煤给自己开了一笔巨额的行政费用，数字是5000万美元，是上一年行政费用的25倍，是当年公司收入的两倍。这些钱转给了公司的老板和经理们，以工资奖金奖励的形式开出。这笔钱来自哪里？那就是把公司的账面资产变卖换来的钱。中焦煤搞走的这笔款相当于整个公司所有资产的一半。除了煤矿、工厂、库存这一半资产不能及时变卖，剩下一半的现金资产、投资资产全部扫荡干净！简直一副携款开溜的架势。

谁是这笔开销的最终受害者？肯定是公司的股东。在美国买中煤焦股票的这些投资人，没有这笔5000万美元的行政开销，公司收支平衡，开销过后，股东的净利润就成了负5000万美元。中焦煤就是这样简单粗暴地践踏股东利益。

如果你想知道后事如何，那就要看公司下一年也就是2016年的财务报表，你会看到哪些资产减少了、哪些债务增加了、股东权益变动如何等关键信息。不过你大可不用操心，因为中煤焦是根本不会让你看到的。泓利煤焦一直要求推迟公布2016年的财务报表。最后拖的时间太长，纳斯达克交易所就下了最后通牒，让它递交财务信息。结果泓利煤焦就装聋作哑不吱声。2017年4月，交易所把中煤焦摘牌，赶出了美国股市。

投资者要想追回投资中煤焦股票的损失，只能去找那家佛罗里达的壳公司，再去找维京群岛的壳公司，再找河南的那一家外企，最后才能联系到责任方泓利公司。要经历如此麻烦的一系列事情，也就没有人能真正追究了。此事的当事人也就永远逍遥法外了。

点评分析

中煤焦只是诸多被摘牌的中国公司之一。在美国上市的中国公司出问题的有很多。

很多人认识上都有个误区：认为在美国上市是一件很高大上的事情，只有阿里巴巴、新东方、百度这样的明星公司才能做到。实际上，赴美上市的中国公司的质量参差不齐，很多都是骗子公司。它们之所以能够上市，还是因为在美国上市相对容易，监管审核不太严格。再加上当时正值中国经济发展迅猛，美国股民对来自中国的公司很感兴趣，有一定需求。

中国公司在美国上市主要集中在纳斯达克交易所。此交易所成立于20世纪80年代，在它之前，公司上市主要是在纽约交易所。纽约交易所上市门槛很高，审查更加严格，所以上市的基本上都是福特、可口可乐、阿里巴巴这样的大公司。纳斯达克的设立满足了一些小公司的上市需要。相比之下，小公司的质量就要差一下，造假更容易一些。

很多中国公司一开始就在会计上造假，瞒天过海通过上市审核。而上市以后，它们的股票表现很差，信息披露也不及时，有时还出现了中煤焦那样坑害股民的行为。2009年～2011年期间，就有50家中国上市公司被纳斯达克交易所摘牌或停止交易，理由是会计造假，虚报业绩。这个数字占了交易所全部中国公司的小一半，可见问题有多严重。

虽然这些问题公司没有坑害到中国的股民，但它们损害了中国企业的国际声誉，让外国投资人对中国企业的整体印象不佳，甚至采取了不必要的防范。这种环境让正规诚实的中国公司在海外上市时会经历不必要的麻烦，融资过程变得更加困难。

比特币的
中国传奇

关键词

虚拟货币

货币流通

宏观调控

投机炒作

比特币为何物？

中国是一个货币系统非常发达的国家，大家对人民币的支付功能也从没有过任何疑虑。如果有人宣传人民币将会被一种虚拟货币所取代，你可能会觉得很不现实，甚至非常荒诞。但是比特币的出现确实让很多人重新考虑了一下。

比特币2008年起源于美国，是一种只存在于网络世界的虚拟货币。比特币的发明就像是一个网络游戏：发明者创造了一个复杂的计算题，解题算法是公开的。按照这个算法，一共可以产生2100万个解。在网络上谁要是能求得一个解，就获得了一枚比特币。获得的比特币实际上是一串数字。这串数字是加密的，不可能在系统里复制，而且保密良好。所以人们也管比特币这种虚拟货币叫做加密货币。

有人宣称，可以把比特币当作货币，用来结算人们的衣食住行和各种商品买卖，甚至有一天比特币还会代替美元、欧元甚至人民币，成为世界主流货币。按照这种说法，如果世界上所有人都只使用比特币，比特币代表世界上所有财富的话，那么每一枚比特币的价值将会是1100万美元。借着这种宣传，很多人都开始疯狂投资比特币，比特币的价格也一路飙升：比特币问世的时候，1万枚比特币只能换一张比萨饼，几年以后一枚比特币就能卖到100美元以上。

比特币落地中国

2013年中国也开起了比特币交易所，中国人也可以投资比特币了。谁曾料到，比特币一落地中国，就受到了走红地毯般的礼遇。大家奔走相告，踊跃购买，比特币的价格也如火箭般蹿升到了高点：从1000元人民币不到，几天之内翻到了7000元，比黄金的价格还要高！比特币的价格能升得那么高，全是中国人民做出的贡献。中国人买比特币花的钱大概用了200亿人民币，要是把这些钱都换成100块纸钞，重量相当于四辆"二战"时德军的虎式坦克。

2013年初，比特币的交易还是以美元为主，85%的交易在美国进行。传入中国一年不到，中国的交易量就超过了美国。到2013年底，比特币交易有60%用的是人民币。到了2017年1月，比特币交易99%都用人民币，比特币完全成了中国人的游戏！

有一点很重要：即便现在比特币的买卖全都在中国，但这不代表所有的比特币都在中国人手里。实际上真正用于交易的比特币非常少，可供中国人交易的比特币就更少。以2016年为例，全部比特币的数目是1500万枚，而在中国用于交易的比特币大概260万枚，只占总数的20%。然而就是这20%的比特币，在中国被倒买倒卖无数次，占据了全世界99%的交易量。剩下的80%的比特币仍然握在国外的玩家手里，而这些玩家只占持有者的5%。只要他们稍一发力卖掉手中的存货，就会让比特币价格暴跌，这非常可怕。

比特币的生物圈

✿ 商贩和毒贩

在比特币传入中国之前，确实有人把它当钱用。比如美国一些卖家具、开网店的小商贩就学会了用比特币结账，有的地方甚至还有比特币自动取款机。但是研究发现，比特币的大部分用途都和非法活动有关。2009年~2014年比特币的支付有一半是价值不到100美元的小额支付。在这些交易里，比特币通常被当作在线赌博的筹码。量大得惊人的比特币支付也时常出现，而这些大额交易并不显示交易的买卖双方或交易的货物，所以政府怀疑这些大额交易很可能是毒贩买卖、军火走私这样的违法交易。

比特币支付真的是神不知鬼不觉。比特币的支付不受政府监管，也不会留下像银行转账、大笔提现那样的痕迹，外人也查不到比特币的买卖双方是谁。用比特币来进行非法交易是再合适不过的了。很有趣的是，美国政府在捣毁毒贩窝点时，缴获了大量的比特币。这让美国政府很神奇地成了比特币的主要持有者之一。

✿ 矿工

要想凭空获得比特币，就要靠电脑来破译构成比特币的这些数字，这个破译过程叫"挖矿"。在比特币的圈子里，有一个特殊人群，这些人靠在网上挖掘比特币发财致富，他们被称作比特币"矿工"。为了多挖矿，有人还专门建立了比特币"挖矿工厂"，工厂里有成群的电脑没日没夜运转挖矿。

因为矿工的装备各不一样，有人很能挖，有人不太能挖，但即便不太能挖，只要付出劳动，也有机会获得比特币。挖矿的时候，全世界的矿工只能一层一层挖，挖完一个板块才能再挖下一个，所以每个板块都要大家一起挖。虽然从表面上看人人平等，但这里面还是有圈套：游戏有缺陷，有人会作弊，而且即便作弊，也不会被抓到。

作弊的过程是这样的：好比有一个很能干的矿工先把一个板块挖干净了，按规矩，他的机器在系统里应该产生一个标示，让所有人都知道"此矿已空"，这样别的矿工就不再在这个板块上费力了。但是这个能干的矿工会选择作弊，在挖完的空矿上做些掩盖，把标识旗子拔掉，让别的矿工误以为这里还有比特币可以挖，接着埋头挖矿，费时费力做无用功。而这个能干的矿工就可以躲开竞争，再去开掘新的板块，获得更大的利益。这个发现出自康奈尔大学的计算机教授阿蒙·冈塞尔，他是研究比特币的资深学者。

即便没有作弊，人人都在遵守规则，诚实挖矿，这里还是有个酬劳问题：比特币的最初玩家可以很轻松地用家里的台式机，挖到相当多比特币，而后来跟上的玩家挖矿就没那么容易了，因为比特币越挖越少，越挖越难。尤其是等到比特币传到中国以后，投入巨大而产出却少得可怜。

到了现在，挖矿的软件技术尽人皆知、没有门槛，只需要有电脑电源网络就可以。于是乎挖掘比特币演变成了一场硬件投入的军备竞赛。中国很多地方都建立起了比特币挖矿工厂，这些都是规模庞大的机房，动辄几百台电脑在里面同时运行。机房的耗电量非常惊人，一个月上百万元的电费非常普遍。有人把比特币工厂搭建在了川藏地区的水电站旁边，因为那里的电费便宜。但即便再怎样增大投入，节约成本，这些比特币工厂也仍是入不敷出。

⚙ 黑客

虽然比特币加密技术很高超，不容易复制也不容易损坏，但是作为网络世界的产品，它也同样会遇到黑客的攻击。

近几年黑客接二连三地潜入虚拟货币的电子交易所平台，大规模盗窃比特币。世界上最大的比特币交易所MT Cox就是因为遭受黑客盗窃，损失严重而最后破产。黑客们后来又在另一个比特币电子交易所MT Mega盗走了7亿美元的比特币，这件事还导致了交易所的年轻女CEO因压力过大跳楼自杀。

MT Cox交易所的CEO坦言，比特币的安全设置确实有缺陷，交易时容易被黑客轻易盗取，而修补这个缺陷则要从万分复杂的源代码上着手，这就相当于给所有的比特币动一次手术，这几乎是不可能完成的任务。为了保护交易所存放的比特币，有人提议在虚拟空间里设置个保险库，但这个提议没人看好，就像是防火墙级别再高，电脑还是有可能进病毒一样。

除了大的交易所，个别比特币的玩家也频繁遭受了黑客袭击。黑客盗比特币的手段主要是身份盗窃。谁手里比特币多，谁就可能被黑客瞄上。黑客会潜入这个玩家的电脑、电子邮箱、手机、各类网络社交平台，盗走个人信息，然后再冒充比特币玩家，卖掉他的比特币收钱走人。有人因为比特币被盗去报警，结果警察却是一头雾水，觉得比特币就是虚拟空间里的游戏机币，根本不值得立案。

⚙ 比特币"坠机"

比特币能否得到应用，还是要取决于各国政府的态度。放眼世界，目前除了日本，所有国家都不承认比特币的货币地位。很显然，比特币的出现威胁到了各国法定货币的地位。一些国家的政府，如玻利维亚、孟加拉国等等，干脆禁止了任何与比特币相关的经济行为。其他大多数国家的央行也都明确表示比特币是非法货币，不允许进行用其兑换或支付。即便是在发源地美国，比特币也只是被当作投资品。美国政府从未承认比特币的货币地位，美国联邦储备银行关于比特币的种种报道给出的评价也都是负面的。

在中国，人民银行和银监会不允许任何银行和金融机构提供比特币的支付、结算、兑换等服务，所以比特币在中国没有流通。2016年中国政府为了防止使用比特币进行洗钱活动，将比特币纳入监管。虽然比特币作为投资品在中国的交易曾一直非常火爆，但也好景不长。2017年2月，出于资本外流的考虑，中国人民银行施压，国内的主要比特币交易所都停止了兑现卖出的服务。这一下让比特币的交易量跌到了地平线，比特币的中国之路就此戛然而止。

这个时候，中国的比特币俨然已是世界的比特币。当比特币在中国日落了，它在世界也就没有了光亮。

点评与防范

✦ 比特币因何风靡？

不可否认，比特币的问世顺应了货币数字化的潮流。十几年前在国内我们还习惯于现金支付，现在已经习惯于刷卡、微信支付、支付宝、手机转账这样的数字交易模式。在日本、美国及欧洲发达国家，人们也早已习惯用信用卡进行支付。以瑞典为例，2009年瑞典克朗因大规模的被信用卡支付取代，纸币和硬币的使用下降了40%。2016年瑞典政府开始考虑发行只流通于网络空间的电子版瑞士克朗，代替纸币和硬币进行流通。由此看出人们对电子支付和电子货币的需求越来越强烈。

比特币的流行也源自很多人对本国货币的疑虑。尤其是拉美国家，经济不稳定，从老百姓到政府接收美元的趋势很严重。再比如，我们去近邻俄罗斯、泰国、马来西亚、印尼等国旅游，会发现使用美元非常吃香，当地有的商家甚至为了收美元，不惜打折出售。这很好理解，这些国家都发生过经济危机，货币贬值30%~80%，持有本国货币实在不保险。即便是美国、欧洲的发达国家，2008年金融危机时，这些国家都争相采取了货币宽松政策来刺激经济，说白了就是多印发货币，这就造成未来通货膨胀的隐患。许多人见到本国的货币大幅增发，币值缩水，就自然而然地去寻找其他比较保值的币种。在中国也是一样，央行有一定程度的货币增发，银行存款和理财利率低下，再加上其他投资渠道狭窄，这些都造成了投资比特币的大环境。

✿ 杂谈伪货币

国内对比特币神话的迷信还是因为对货币机制不甚了解，再加上比特币玩家的诱导，很多人就掉进了投资比特币的圈套。我们必须要认识到，比特币绝无可能成为一个被整个经济体系认可的流通货币。

从宏观上来看：

1. 随着社会经济发展，产品种类越来越丰富，生产链条越来越长，必然导致社会总商品交易量的增长。货币是交易得以顺利进行的媒介，因此交易量增长，必然需要社会的货币总量膨胀。比特币只有特定的数量，根本无法满足交易量增加的需要，因此势必影响经济活动的扩张，对社会造成重大损失。

2. 经济的发展不会一帆风顺，一定会出现增长较慢，陷入衰退，甚至跌入危机的时候。这些时候就需要中央政府利用货币政策作为工具来调控经济。比如当经济发展陷入低谷，中央银行需要注入货币，降低利率，从而帮助企业增加投资。当出现金融危机的时候，中央银行需要借钱给金融机构渡过危机。这些都需要中央政府能够有印钞的能力，也就是凭空创造货币的能力。如果一个国家采用比特币，就等于自废武功放弃了印钞能力，从而失去调控经济最重要的手段。

事实上，黄金失去了货币的地位，正是因为以上两个原因。在工业革命以前经济发展缓慢，黄金的供应量增加基本能够满足经济的发展，这使得黄金能长期维持其货币地位。但是工业革命以后，尤其是"二战"以来，全球经济发展迅速，黄金的供应量已经不足以满足经济发展的需要，成为限制经济发展的因素。另外，第二次世界大战以来，经济学理论和实践都对于现代政府调控经济提出了更高要求，黄金作为货币无法满足政府调控经济需要的弊端极为显著，因此世界上已经没有主要国家将黄金作为法定货币。

不同于其他法定货币，比特币没有政府的信誉做保证。大家都知道，美元的霸主地位非常稳固，那是因为有美国的外交政策和军事打击作为保障。紧随其后的是欧元和人民币（以国际货币基金组织特别提款权计算），这两种货币也都有很强大的经济做后盾。再看看港币，每一港元的发行都有同等价值的美元资产作抵押，也就是说香港经管当局有实力保证你手里的港币能够在需要的时候兑换成美元。相比之下，虚拟世界里的比特币背后什么基础都没有，人人皆可弃之。

从微观上来看：

1. 比特币没有稳定的记账功能，所以无法被买卖的商家和消费者普遍接受。比特币价格变动非常剧烈，这就给买卖记账造成了很大困难，还让使用比特币的人提心吊胆。比如，买家手里的比特币今天能买台真的汽车，明天比特币贬值，就只能买个玩具汽车；卖家的货物今天值100个比特币，明天比特币升值，货物就只值6个比特币。

2. 有人看到比特币价格一直上涨，就觉得比特币前景广阔，会成为世界货币。错！越是价格上涨就越不能成为通用货币。比特币价格攀升时，很多人都倾向于把它攒起来，而不去花掉。实际上在美国，商家收到比特币以后，很少有人再把它花掉。买卖所用到的比特币有一半以后都不会再使用。这样就限制了比特币的流通，最终不再用于支付。这就像100年前白银被挤出流通市场一样：100多年前世界上流通两种货币——金和银，1两金兑15两银。后来世界各地金矿大开发，很多金子流到市场上，造成了黄金贬值和白银升值。大家就倾向于用黄金购买白银，然后把白银存起来，最后在市场上流通的就只有黄金了。虽然白银的价格上升，但再也不具备货币功能了。

虽然目前比特币很流行，但它是可以被替代的。目前，像比特币这样意在统领世界的虚拟货币有700多种，将来还会有更多新的虚拟货币跳出来抢夺霸主地位。在技术飞速发展、设备交替更迭的年代，没有一家虚拟货币能够长久保持霸主地位。这样群雄逐鹿最后的结果就是没有任何一家虚拟货币值得长期拥有。虽然比特币目前流通比较好，但是如果以后其他虚拟货币赶超，在比特币上的所有投资就都将化为乌有。

✿ 比特币与黄金的比较

还有人认为比特币能够成为黄金一样保值和储值的工具。事实上，这个功能也几乎不可能在比特币上实现。

首先，黄金的保值功能是和它在几千年人类历史上充当货币形成的文化和心理影响深刻相连的。笔者曾经和某国退休的央行行长聊起作为行长最难忘的体验，他说那是他视察央行地下金库，看到满屋金砖，闪着璀璨而神秘的金光时，感到内心的震撼。比特币绝对没有可能在短期内形成这样的影响力。

另外，黄金本身的金属属性，使得它作为饰品具有天然的价值，这其实也是黄金能够成为货币的历史渊源。比特币相对黄金，自身完全没有任何使用价值，更没有历史和文化积淀，因此不可能成为保值和储值的工具。即便是黄金也不是理想的保值工具。学术研究表明，短期内黄金价格波动极大，只有在中长期黄金才能打败通货膨胀，起到保值的作用。而长期来看，黄金的投资价值并不显著，无法超过美国和欧洲的长期国债收益。

✿ 比特币的投资炒作

比特币在中国的交易，名义上是有风险的投资，但实际上就是纯粹的投机行为。投资和投机是有区别的。投资对社会是有贡献的，比如投资饭店旅店茶馆，满足了人们吃饭住店喝茶的需求。投资的收益依附于人们需求的满足，投资才会有价值。相反，像比特币这样的投机产品，人们只能靠价格波动低买高卖来赚钱。有人赚钱，就会有人亏钱，总体盈利为零，对社会不会产生价值。这种投机完全就是一个财富再分配的过程。

就像美联储定义的那样，比特币是一种纯粹的投机泡沫（pure speculative bubble）。这个泡沫之所以越吹越大，跟利益集团的炒作是分不开的。投机炒作就像娱乐界的炒作一样，总是要拿奇特的花边新闻来吸引眼球。对比特币的炒作无非就是"比特币会成为全世界第一货币"这样颠覆观念的宣传。有更多人关注，才会有更多人考虑购买。

参与炒作不光是庄家大户，每一个持有比特币的玩家，都会为比特币的炒作添油加醋，只有这样，击鼓传花的游戏才能继续进行，才会有人为自己手中的比特币接盘。我们曾经看到的很多电视节目，都是在介绍比特币的应用前景，挖比特币多么容易，投资有多么赚钱。比特币的官方网站也不择手段来炒作，歪曲事实来报道。比如美联储出了篇贬损比特币的报告，结果炒作人断章取义，把一些不相关的原文摘抄过来，硬说美联储是在夸赞比特币。

助长这种炒作的是不明事理的投资人。他们对于比特币交易本身的原理和技术风险都不熟悉，看到盈利可观和疯涨的行情就跟风买进，成了比特币泡沫的最终受害者。如果这些投资人能认清比特币伪货币、真投机的本质，就不会成为这场游戏的输家。

到目前为止（2017年4月），比特币的交易活动大面积消失，再次证明了比特币的投机属性：炒作投机的最终目的是要套现走人。当交易所停止套现兑换，比特币不能卖出的时候，投机者就不再进行交易了，因为钱没法离场，再往里投钱也没有意义。如果比特币真的有用途，真的会成为支付货币，真的会在未来的某一天，"一枚比特币可买北京一套房"的话，那么买入比特币的交易还会进行，因为人们买入比特币是为了以后有一天使用它，这和能不能在交易所卖出比特币没有关系。

维卡币的
非法传销

┌─── 关键词 ───┐

传销
└─────────────┘

传销，听着很温和，但在中国却是泛滥成灾的犯罪。

传销就是一级一级往下销售产品，上一级的传销客靠着拉下一级传销客入伙，赚取提成。一个传销团伙为了拉人入伙兜售产品，往往使用非法手段：诱骗、非法集会、强行洗脑、非法拘禁、强买强卖、敲诈勒索，2013年在合肥还发生了传销团伙反抗监管、暴力袭警的恶性事件。

传销在中国始于20世纪90年代，当时数安利产品的传销最有名。我们现在有时开玩笑还会说"安利给你"这样的话。二十几年来中国的老百姓受了传销不少坑害，渐渐对传销的套路有所熟悉，也开始有了抵御传销的意识。但近几年传销又开始兴风作浪，传销的产品不仅有化妆品、打折券、长寿药，还有各种虚无的金融产品：资本运作、P2P、家庭互助理财、众筹、股权等等。虽然种类很多，但万变不离其宗，都是传销团伙靠发展下线来收取提成。只不过多了些题材，多了些互联网科技。

因为传销的金融产品太多，本章只单挑维卡币作为代表，说说金融产品传销的基本套路。维卡币是一种虚拟货币，靠电脑技术凭空创造。用假大空的题目制造传销骗局，才是手段最"高"的传销。

欺世盗名的维卡币

维卡币并非诞生于中国，而是保加利亚人琢磨出来的。保加利亚的经济总量相当于我国甘肃省的一半左右，却有人要生产"未来世界的主流货币"。制造维卡币的公司虽在保加利亚运营，但注册的地点却在英属直布罗陀，这是一个跟北京东单公园一样大小的离岸半岛。

维卡币公司号称自己的市值超过了177亿欧元，全球有200万会员用户，159个国家都在使用维卡币，这些数字是无法验证的，因为公司的所有财务信息都不公布。公司总部设在离岸，不受任何国家的法律约束，谁都无法走合法途径察看公司的内部运作。也就是说维卡币公司完全是一个黑箱操作。

当前最有名的虚拟货币还属比特币，为了打败这个竞争对手，维卡币编出各种超越比特币的技术优势。比如宣扬采用了一种非常高超的SSL加密协议，用来保护虚拟货币不被盗走，还说这种技术只有世界顶级大银行才能够配备。吹得神乎其神，其实内行都知道，SSL协议只是很一般的网络协议，技术门槛并不高。

为了吹嘘自己，维卡币公司还买下了《福布斯》杂志的一页广告，印上了公司老板的照片。然后偷梁换柱，把这页广告印在了维卡币自己出版的杂志封面上。维卡币对外宣传自己上了《福布斯》杂志的封面。《福布斯》的杂志广告版面谁都可以买，但《福布斯》的杂志封面只能是马云、巴菲特这样的成功人物。很显然，维卡币公司是在盗用福布斯的名声为自己脸上贴金。其实福布斯公司根本就没在意过维卡币。除了那页广告，杂志和维卡币的唯一接触就是一次未报道的采访。在福布斯公司公布的虚拟货币排名里，维卡币也根本不见踪影。

维卡币公司撒出了很多网络视频，散布各种无底线的宣传，吹嘘维卡币应用前景如何广阔。维卡币公司还启动了自己大量的会员，给视频点赞，误导观众。很多视频的题目也是做了手脚的，比如视频内容是奥巴马评论了国际资金的流动，视频就起名叫"奥巴马评论维卡币"，其实里面只字未提维卡币；比尔·盖茨谈论国际贸易和支付的视频，维卡币就起名叫"比尔·盖茨评论维卡币"；还有个视频名字很狡猾，叫"维卡币骗局"，点进去一看其实是在夸赞维卡币，说维卡币骗局不存在。估计维卡币公司也是做贼心虚，知道会有人怀疑他们是骗局。如果视频内容与题目不符，就会有人写评论责骂。维卡币公司也料到这一点，提前把评论功能屏蔽了。

维卡币公司常在伦敦、迪拜这样的大城市组织传销大会。会场都是高大上的豪华酒店或体育馆。参加传销大会的人来自世界各地，无一例外地想着一夜暴富。在台上除了有公司老板和副总的各种忽悠，还有公司招来的、靠维卡币发财的"百万富翁"作见证。这些"富翁"讲话的言语动作表演味道十足，但不论真假，台下都有人鼓掌叫好。这个场面就像很多国内成功学的讲座一样，台上的人歇斯底里，台下的人如痴如狂，让人想起一句戏词"唱戏的是疯子，听戏的是傻子"。

维卡币的中国攻势

凭借强大的宣传攻势，维卡币在欧洲逐渐扩散开来。传销里永远都是上一批人靠着下一批人富起来。在维卡币的母国保加利亚，第一批维卡币的玩家都成了百万富翁，拥有豪车和豪宅。他们挣的钱都来自于欧洲其他地方的下线传销客。这些传销客要想能挣钱，也一样要发展下线。但是维卡币在欧洲的传销并不顺利，有些国家如瑞典、匈牙利都宣布维卡币是非法传销。于是传销客们把目光投向了中国。

借着"国际货币"的名头，维卡币开始向中国发动进攻。在一个互联网时代，国外骗子想进入中国非常容易。山东、广东、浙江都出现了维卡币的传销团伙。这些团伙都是境外人员组织的。维卡币的传销也不用直接见面，而是让网络公司代为打理，资料可以通过微信朋友圈散布，支付也都放在了网上。

传销为了发展下线，最关键的招式是利益诱惑。维卡币的各种团体打着各种口号："新式虚拟货币将横扫全球""一年九倍的回报""几百元几年间就可以上百万"。最夸张的是说维卡币还能不断拆分，一枚变两枚，两枚变四枚，跟细胞分裂一样可以无限繁殖。这样用户手中的维卡币单位价值不断升高，而且数目还能成倍增长。为了鼓励上级发展下级，维卡币公司可以把下级投资的10%~40%作为提成，返给上级。如果发展更多下级，不光可以免去入门会员费，还可以有房子车子这样的实物奖励。这就是百分百的传销。

在国外，维卡币用户可以通过维卡币公司的交易平台，把维卡币兑换成现金（这种兑换不代表维卡币有价值，只能证明有人愿意买卖而已），可是这种兑换业务并没有延伸到中国。因为不能兑现，维卡币连投机的价值都没有。维卡币的传销客都很明白，这个东西只能卖，不能买。谁要是买了维卡币，想脱手的唯一办法就是自己发展下线让别人接盘。若想全身而退，就只能把账户完全转给下一个倒霉的人。总之，要想把投到维卡币里的钱拿回来根本不可能。

在国外，维卡币传销只是发展下线、击鼓传花。而在中国，传销不是简单的传销，而是和非法集资、诈骗联系在一起的。中国的维卡币团伙许给的虚假的高利润、高回报，这就是诈骗。维卡币团伙让你花钱买维卡币，却永远不让你把钱赎回来。最后钱骗够了，卷包走人，这就是非法集资。当这些元素渗入到了维卡币传销时，维卡币就变得更黑，更遭人恨。最后终于有人举报了维卡币，公安机关介入调查，取缔了传销团伙。维卡币在中国的蔓延终于被遏止了。

来自中国的下线提成没有了，在欧洲的上线传销客就断了收入。他们看到骗局发展无望，就要从维卡币公司撤出他们的投资。维卡币公司本来就是个大骗局，钱骗到手是不可能还回去的，于是就开始找各种借口推迟兑现。这就让传销客很不满意，他们开始投诉、控告，这就引起了很多国家政府的关注，德国、马耳他等国家后来也相继宣布维卡币非法。维卡币在欧洲遭到了全面围剿。

点评与防范

✿ 金融传销为何蔓延

在中国，维卡币只是诸多传销的虚拟货币之一，其他的还有多特币、珍宝币、利物币、万福币、马克币、福特币、克拉币、石油币等几十种，有外国传来的，有本国臆造的。而虚拟货币也只是诸多传销的金融产品种类之一。可见当今中国，传销的金融产品何其丰富！虽然维卡币在中国只诈骗了6亿人民币，但是它的传销大家庭诈骗的金额一定是这个数目的几十倍、上百倍。

有人说，传销在中国之所以泛滥跟国人的道德滑坡有很大关系。这也许不无道理，但笔者更愿意从中国的经济环境的角度来分析传销。

中国很长时间都曾处在计划经济下的贫穷状态，那时的中国人对财富的积累没有概念。后来一部分人先富起来，大多数人并不明白真正致富的道理，而只是受到了财富的刺激，妒忌心也受到了刺激。很多人觉得自己也可以抄近路迅速发家致富。这种不切实际的暴富想法便是传销发展的原动力，也是所有经济诈骗的原动力。传销团伙里的每个人，或多或少，或主观意愿或被动接受，都有这种不劳而获、一夜暴富的渴望。

在金融传销里，不光是传销团伙的暴富渴望发挥着作用，传销受害人的暴富想法也同样被激发了出来。别的传销骗局只是利用人们各自不同的生活需要，比如化妆品、保健品、减肥药。而金融传销利用的却是我们每一个人对财富的渴望，并且用非常手段把这种渴望变成了疯狂与迷信，这个力量非常可怕。

在金融传销中，常常会听到"一个月回报40%""一年造就100个亿万富翁""虚拟货币既能升值又能繁殖"这样的话。这样的假说词根本无法验证，而且不像假面膜、假药能在短时间识破，等到发现的时候，骗子早已卷包走人。因为不易发现，金融传销扩散更加容易。金融产品需要一定知识，传销团队里就多了很多高智商、高学历的罪犯，他们除了制造虚无的金融产品，也让传销手段更升一级，让打击传销变得更加困难。

金融传销蔓延还有一个原因，那便是当今的金融市场炒作横行。即便是股票、房地产这样的正规金融产品，都轻易沦为了投机炒作的工具。炒作之下，价值与价格分离。投资赚钱唯一的方法就是抢得先机，先买先卖。很多时候，不管金融产品好坏与否，不管价格高低，都会有人来买，因为他们相信总会有更不聪明的人过来接盘。如果人们适应了这种金融市场的普遍现象，那么就更容易接受金融传销的做法。再加上传统传销里的各种言传身教和各种演戏，很多人就这样上当了。

✿ 庞氏骗局和传销骗局的区别

很多人把传销骗局叫做庞氏骗局，这其实不太恰当。虽然都是用新客户的资金来贴补老客户，但庞氏骗局和传销骗局的运作方式很不一样。在庞式骗局里，有一个诈骗核心，如e租宝、泛亚，都是有个公司在骗局中央周转各方面的资金；而在传销骗局里，则是一个多层传销团伙在运营，团伙里的每一个传销客都是一个诈骗单位。

庞氏骗局和传销骗局都可以叫做金字塔骗局，因为受害人都是由少到多一级一级扩散的，但在传销骗局里，只有金字塔最底端的人是纯粹的受害人，在他们上面的人都是主动害人的传销骗子。这些骗子当中有人也是一开始被骗，但为了把钱捞回来，他们选择了去骗别人，有时只能从自己的亲戚朋友下手。这样一来，亲情友情成了可以套现的工具，人际关系成了钱的关系，这对社会的影响很恶劣。

对个人来说，防范传销骗局要比防范庞氏骗局困难。在庞氏骗局里，受害者是多数的，骗子只有一个，所以受害人不会被骗子的势力吓倒。而在传销骗局里，受害人面对的是一个等级森严的大团伙，这个团伙里每个人都被洗了脑，都被利益驱使。应付传销实际上是在应付一个邪教团体。这个邪教的力量是凝聚的，而受害人的力量是分散的。受害人往往会觉得抵抗无望，要么被传销团伙吞食，要么任其发展，而不去投诉、报案。

如何防范传销骗局？最关键的是认清传销本质。中国的法律对传销的定义很简明："只要是组织一人群构成金字塔型层级结构，其中有任何一人以上的收入计算基础在于发展下线及下线衍生之下线的人数多寡。"也就是说不管怎么包装，不管手段如何，只要靠拉下线挣提成就是传销，所有的传销在中国都是违法的。如果有人向你兜售产品时，你若不确定是不是传销，就去问他，问如果帮他发展下线是否会有提成。如果有，那就是非法传销，就要举报。

有些人明知是传销但还是加入进去，同样要通过法律加以惩罚。有的传销客被查后，说自己也是受害者，但这并不能成为损害别人利益的理由。

互联网金融的
骗局

————— 关键词 —————

互联网金融

庞式骗局

　　由于金融业特有的复杂性，金融领域的新生事物往往很容易成为金融诈骗的温床。互联网金融作为结合互联网技术和金融的新生事物，自然也吸引了众多骗子的目光。本章通过分析三起重大互联网金融诈骗案，探讨这些诈骗内在的规律、总结经验教训。这三个案例充分展示了，互联网金融归根结底是金融而不是互联网。既然是金融，任何脱离金融规律的行为必定烙上诈骗的痕迹。在这三起案例中，泛亚案造成22万名投资者损失43C亿，e租宝案非法吸收90万投资者500多亿资金，而快鹿案则涉嫌非法集资超过100亿。

醉翁之意不在酒——快鹿的暗度陈仓

　　《叶问3》是广为人知的叶问系列电影第3部。这部电影出名不是因为电影本身有多精彩，而是因为票房造假丑闻。《叶问3》上映24个小时以内票房收入超过1个亿，5天内票房实现6个亿，刷新了国产动作电影的票房纪录。然而"福兮祸之所倚"，在票房收入令人瞩目的同时，《叶问3》票房造假丑闻迅速浮出水面。人们发现《叶问3》的很多票房是所谓的幽灵票，也就是说很多的电影安排在夜场，而且播出的密度高达每小时一场，且票价和上座率都很高。这种现象完全无法解释。最后，经过查实，《叶问3》电影虚假场次高达7600余场，涉及票房3200万。另外，很多电影票是发行方自己掏腰包买的票，查实金额达到5600万元。中国电影界通过一些手段在电影上映初期人为制造票房，从而吸引观众，本来不算新鲜事，但是还从来没有听说过投入近1个亿来制造噱头的！

要理解《叶问3》票房造假，我们先要来考察一下《叶问3》电影的融资情况。电影产业链条分为制作方和发行方。制作方负责电影拍摄，发行方则负责电影的宣传、放映和获取票房收入。一家普通企业进入电影行业最有效的方法就是所谓"保底发行"，也就是支付电影制作方一笔固定金额，不论票房是否达到，制作方都可以得到这笔钱。票房超出部分再按照比例由制作方和发行方进行分成。这种方式由发行方承担了票房风险，从而免除了制作方的风险，因此为制作方所欢迎。大银幕公司最终出价10亿元保底费从众多竞争者当中脱颖而出，获得了《叶问3》的发行权。大银幕公司随后转手把一部分自己的电影票房收益权作价1.1亿，卖给了香港上市公司"十方控股"。与此同时，A股上市公司神开股份出价4900万也购买了一个专门投资《叶问3》的票房收益权的基金。这个基金提供神开股份保底8%收益率，如果票房超过20亿的话，最高收益率可以达到18%。这个消息一公布，两家上市公司的股价都出现大涨，其中神开股份的股价甚至出现了涨停。不难理解，正常情况下通过这笔投资神开股份至少会获得8%的收益，而且可能更高。两家上市公司的股民看到股票大涨，自然欢欣鼓舞，都等着电影开播，票房飘红，股价随之再创新高。

没想到上映不到6天，《叶问3》票房造假的丑闻就被揭露出来，结果导致两家上市公司的股价大跌。就在人们叹息这两家上市公司时运不济的时候，有人发现原来这两家上市公司，包括电影的发行方大银幕公司原来背后真正的老板都是快鹿集团的董事长施建祥。这就奇怪了，电影的发行方和两个投资人都是施老板的企业，那还买什么票房收益权呀？这不就是钱在自己左兜和右兜之间互换吗？其实不然，施建祥醉翁之意不在酒，人家根本就没打算通过电影赚钱或者电影赚钱是其次。其实他早在电影发行之前几个月就以非常低廉的价格购买了两家企业的股票，他的算盘是等待票房上去后拉动股票升值，然后靠抛售股票赚钱。比如2015年12月22日，施建祥以0.8港币/股购买十方控股1.6亿股，等到《叶问3》在香港上映，随着股价大涨，施建祥在股票上的浮盈达到3.6亿。随着《叶问3》在内地上映，这家公司的股价再次大幅上涨。如果没有后来的造假丑闻，施建祥在十方控股上的投资收益可能超过10个亿，更别说还有A股神开股份的收益。

最终造假丑闻暴露后，两家上市公司股票暴跌，快鹿在股票上赚钱的愿望化为了泡影。正当大家以为故事到此为止的时候，没想到又爆发出快鹿集团下属P2P平台兑付危机。之前电影发行方出资10亿的资金其实是靠着快鹿集团旗下诸多复杂的P2P融资平台获取的，这些平台都承诺了超过10%的收益率，而且保本保息。这些平台融到的钱一部分投资到电影，另一部分很可能被挪用作为公司其他投资。施建祥原本的如意算盘是在股市上赚的钱可以轻松支付平台投资者本息，但现在既然股市上计划的收益已经化为泡影，这些平台自然没有办法对付，最终超过100亿的平台资金兑付出现问题。

快鹿在《叶问3》造假之前声称其在2015年"实现全年销售1000亿元人民币，就业人数突破10000人"；同时宣布将"出资100亿投资电影产业，目标是占领中国既有票房市场的30%及新增票房的70%"。没有在电影业认真深耕的精神，试图通过电影、P2P和上市公司的共同运作来实现其骗局，快鹿最终身败名裂，印证了"其兴也勃，其亡也忽"的规律。

"一掷千金"——泛亚的惊世豪赌

2015年9月21日，证监会门口聚集了1000多名统一身穿写有"泛亚诈骗，血本无归，还我血汗钱"白T恤的群众。他们拉出了"请中央审查云南，清算泛亚"的标语。泛亚的全称是"泛亚有色金属交易所"，于2011年由昆明市政府批准设立。泛亚交易所官网称自己是世界最大的稀有金属交易所，上市交易铟、碲、钒、锗、钴、铋、钨、镓、锑、硒、稀土镝、稀土铽等14个稀有金属品种，其中，铟、锗、钨、铋、镓等品种的交易量、交割量、库存量为全球第一。该平台自成立以来累计交易量3200多亿元，客户22万。

泛亚骗局的本质既复杂又简单。说它复杂是因为它利用了大宗商品交易中的规则来掩盖欺诈的本质，说它简单是因为它本质上就是一个高息揽储的庞氏骗局过程。具体来说就是利用新投资人的钱来向老投资者支付高额回报，制造赚钱的假象，进而骗取更多的投资。泛亚交易所承诺年化13.5%的利息吸引投资者入局，并用筹集的资金帮助交易所和它的下游机构大举收购一种大多数人这一辈子也没有听说的金属铟。铟是一种柔软的灰色金属，应用于宇航、电子、医疗、国防和能源等领域。

泛亚交易所本来是一个交易平台，按理说就应该做好买卖双方交易的中介工作，而不应该大规模坐庄主动收购铟，尤其不应该像普通投资者高息融资收购。然而，泛亚编造了各种理由证明铟有多么重要的战略意义，宣称自己在为国家做战略储备，不让资源贱卖，为中国在全球铟产业中获得话语权。打着"为国收储"的旗号，泛亚的铟库存量从2011年的33吨猛增至

2015年的3609.46吨，4年内铟库存量增加了100多倍。最终，泛亚收购了占全球库存95%的铟。要知道我国2014年铟全年的消耗量也不过82吨，泛亚收购的铟可以够全国使用将近50年！

本案的关键是泛亚为什么要举债收购大量的铟。一种可能是交易所投入了一个巨大的赌局当中。他们希望通过大量持有铟，达到垄断铟的供应的作用，从而哄抬市场价格牟取暴利。不幸，铟的工业需求量增长其实并没有想象得那么快，倒是企业扩大生产的能力被大大低估了，结果大量库存的铟完全砸在了手里。泛亚以高额利息向普通个人借入资金，然后投入到一场铟的豪赌，如果赌赢了交易所必定赚得盆满钵满，如果赌输了，亏的其实是投资人的钱。当然也有一种可能，泛亚本来就没打算从囤积铟当中获得任何收益，它真正的算盘是利用投资者的钱拉高铟的价格，然后趁机把自己和利益相关方手上的铟高价卖出从而获利。也就是说，交易所上蹿下跳忙着收购铟的根本目的，就是想把投资者的钱直接装进自己的口袋里！

泛亚诈骗贻害无穷。不止是让投资者血本无归，最后守着一堆带有放射性的铟欲哭无泪，更重要的是它扭曲了价格，使得上游厂商大量负债扩大产能，造成产能严重过剩。等到价格崩盘，企业生产越多亏损越大，而贷款还是要偿还的，从而对上游企业造成了沉重打击。最神奇的是，我国本来一向是世界上铟的出口大国，但是自从泛亚把铟的价格炒上天后，我国竟然开始从国外进口铟！

回顾这个案子，投资者之所以上当中招的原因固然是犯了贪婪和盲信的老毛病，但是地方政府也被泛亚所利用，客观上起到了推波助澜的作用。首先是昆明市政府于2010年将"泛亚"作为重点招商引资项目高调引入的。市政府还专门发红头文件成立监管委员会对泛亚进行监管，并由市委主要领导担任监管委员。其实监管只是幌子，为泛亚站台撑腰才是真正目的。更恶劣的是，2011年以来，虽然国务院多次发文要求清理整顿交易场所，云南监管部门不但有意包庇泛亚，很多官员还利用各种场合为泛亚摇旗呐喊。最为讽刺的是，在2015年泛亚案发当年，泛亚还被云南省税务局评为"云南和昆明市先进纳税单位"。各级政府不了解金融的运行和监管规律，贪功冒进，一味追求GDP和财政收入，最终铸成大错。血淋淋的教训表明，对待金融领域的"创新"必须非常谨慎，稍有不慎就会给骗子留下可乘之机。泛亚恶意透支政府公信力，为自己贴金，诱使投资者误以为它是一家政府背书的企业，可以说一手骗了政府，另一手骗了投资者。另外，包括中央电视台在内的多家权威媒体都为泛亚做过正面报道，使得全国各地不明真相的群众纷纷陷入泛亚的圈套。媒体的金融知识亟待加强。泛亚诈骗案与众不同的地方在于它打着爱国的幌子，带着金融创新的面具，窃取了政府和媒体的信用，最终掏空了投资者的血汗钱！

美人计——e租宝的野蛮生长

武侠小说里经常有一种说法，最钝的剑往往是最厉害的剑。e租宝诈骗案要论起技术含量和前面两个案例，完全不可同日而语，但是实际非法集资的数额却要超过之前的两个案例。就是这个e租宝，在短短一年半的时间里非法集资超过500亿，受害投资者遍布31个省。"1元起投，随时赎回，高收益低风险"，是e租宝广为宣传的口号。许多投资人就是听信了e租宝保本保息、灵活支取的承诺而上当受骗。e租宝前后共推出过多款不同产品，预期年化收益率在9%~14.6%之间，远高于一般银行理财产品的收益率。正是由于有这一系列的优惠条件，以及e租宝使用的各种障眼法，使得它得以快速壮大成为规模最大的几家P2P平台之一。

e租宝所宣传的商业模式是利用互联网平台吸引个人投资者购买e租宝理财产品，然后把钱以贷款的方式投资到实体经济项目中，平台赚取管理费，投资者获得远超过银行理财的收益。之前两个案例中，非法集资虽说被投入到风险极大的赌局中，但是还有归还的可能。在e租宝一案中，融资平台非法吸收的资金几乎没有投入到任何项目中，根本就是明火执仗地诈骗洗劫投资者！经查实，平台上面宣称的投资项目95%都是虚假投资项目。有很多项目涉及的贷款，企业自己都不知道自己被包装进了e租宝的项目中！e租宝或者直接从企业购买，或者通过中介购买了大量企业工商登记信息，并利用这些信息编造项目挂到平台上误导投资者，让投资者误以为平台有大量良好投资项目。为了购买这些虚假信息，e租宝竟然前后花了8亿元！

e租宝骗取的资金没有被用于投资，那么这些钱去了哪里呢？e租宝的实际控制人丁宁雇佣了数名所谓的"美女高管"，丁宁除了对这些人支付高额薪酬外，更经常以公司名义发放奖金。其中仅向CEO张敏支付的奖金竟然高达5.5亿元人民币，而这位CEO完全没有任何金融从业经验，甚至公司都不敢安排她在任何公开活动中发言。类似的，丁宁还把很多亲朋好友安排进公司。比如丁宁的弟弟进入公司后月薪就涨到100万！另外，整个公司财务管理极为混乱，丁宁以各种手段大量侵吞公司资产，经过查实的至少有十几亿资金被丁宁个人挪用和挥霍。

e租宝是最早的P2P平台之一，它借助互联网以及金融科技的噱头，利用普通老百姓对金融知识了解不多，用虚假的承诺编织了陷阱。公司的营销手法可谓简单粗暴：花费大量资金采取所谓"病毒式营销"来大量获得投资者。为了加快扩张速度，e租宝在各地设立了大量分公司和代销公司，直接面对老百姓进行所谓的"贴身推销"。其地推人员除了推荐e租宝的产品外，甚至还会"热心"地为他们提供开通网银、注册平台等一条龙服务。整个公司规模最大的时候雇佣了十几万营销人员，每月支付工资达到8个亿。e租宝的那些根本不懂投资理财和金融管理的"美女高管"被包装成企业形象代言人，在各大网站、电视台、报纸上反复出现，达到吸引眼球、制造舆论的目的，比如公司CEO张敏被包装成"互联网金融第一美女总裁"。

就像所有庞式骗局一样，e租宝借新债还旧债也只能支持一时，最终兑付困难以至崩盘的一天终于来临。事后调查发现，e租宝的经营交易数据量十分庞大，仅需要清查的存储公司数据的服务器就有200余台。为了销毁证据，e租宝将1200多册证据材料，装入80多个尼龙袋，埋藏在安徽合肥市郊区6米深的地下。专案组动用两台挖掘机，花了20多小时才全部挖出。虽然丁宁被抓获归案，那些昔日光彩照人的"美女总裁"也被拘捕，然而投资人资金蒙受重大损失的事实却已经无法改变。

分析与点评

P2P平台是一种从美国和欧洲传来的个人对个人的新型金融机构。它的初衷是让小额的投资人和借款人利用互联网平台直接对接。由于没有银行等大型金融中介参与，所以投资者可以获得比银行储蓄更高的投资收益，而借款人则可以降低利息成本。国外P2P平台上的借款人主要是个人，借款金额较小，而且美国有完善的个人信用评级机制，通过借款人的个人信用评级可以比较准确的评估风险。P2P平台必定不忘提醒投资人自负盈亏，而且建议最好把资金分散投资到50~100个项目里，以此降低风险。我国的很多P2P平台，严格意义上来说并不是P2P，因为往往只有平台投资者一侧是个人，而另一侧的借款人其实是中小企业。即使是个人，由于我国没有完善的个人信用风险记录，也很难评估借款风险。由于个人投资者完全没有能力评估信用风险，平台就出来宣称为投资者兜底，甚至保证投资收益。由于竞争激烈，平台往往需要承诺很高的投资收益率，这就为平台自身埋下了巨大的风险。试想有多少业绩良好、信用卓著的企业会需要到P2P平台上去借贷？越是风险大的企业和个人，由于从银行无法获得贷款，才会孤注一掷到P2P平台上以较高的利息借钱。如果平台贷款最终收不回来，要么平台用自己的钱垫付投资者，要么只有走上庞氏骗局的不归路。还有的P2P平台从一开始就是挂羊头卖狗肉，借着互联网金融概念炒作，达到非法集资的目的。这些非法集资所得到的资金要么被席卷挥霍一空，要么被投入到风险巨大的赌局当中，贻害无穷。

从以上三个互联网金融案例中，我们可以发现互联网金融归根结底是金融而不是互联网。互联网思维讲究所谓快速迭代，强调试错和快速发展，但是金融更加突出稳健和发展质量，推崇的是百年老店。金融思维和互联网思维是有一定冲突的。金融最大的挑战是应对信息不对称问题，也就是识别借款人/单位的信用风险，并对风险有效掌控。互联网金融如果无法解决这个问题，那么互联网技术和金融的结合不但无益，反而可能是非常危险的。因为在没有有效解决资产的信用风险问题前，允许平台利用互联网技术快速集资，会使得资金更容易被滥用。

从e租宝到泛亚和快鹿，可以看出互联网金融骗子的手段花样翻新，变得越来越狡猾。但是千变万化，总离不开讲故事和高利息这两个终极诱惑手段。中国P2P平台近年来倒闭和跑路的有上千家，让无数家庭蒙受沉重代价。对于普通投资者，千千万万的教训其实只有一条，不要指望通过投资获取不合理的高额回报，任何高回报都不可能是没有风险的，在没有搞清楚风险之前，切勿盲目投资。

2015年股灾
中的是是非非

—— 关键词 ——

股市泡沫机构

投资人股价操纵

股灾正解

近年来，让中国人印象最深刻的金融创伤莫过于2015年的股灾。这一年的5月到9月，A股总市值下降17万亿人民币。这个数字相当于2015年中国GDP的五分之一，淘宝当年交易量的5倍，北京市财政收入的30倍，也是2007年股灾市值损失的18倍。此等当量，令人震惊。

要是研究股灾，不能光去看股价为什么会暴跌，也要去看股价为什么会升高。古今中外的股灾之前一般都会先有一个泡沫期。在这个泡沫期里，股价增长超常迅猛。这次股灾也一样。时间上可以这样划分：先前的泡沫期始于2015年1月，当时的市值为38.3万亿。泡沫期持续到5月，市值到达顶峰，约56.5万亿。后来从5月市值顶峰到9月底，股市回落到39.6万亿，这个时期定义为股灾期。两个时期加起来，股市一涨一落又回到了原点，就像气球吹起来又泄了气一样，总市值几乎不变。

如果有人在泡沫以前拥有股票，然后在泡沫时候卖掉，那他肯定挣钱了；如果有人在泡沫时期买入股票，股灾时期卖掉，那他肯定亏钱了。所以说这次股灾事件，不是全民皆输，而是财富再分配，先买先卖的人挣到的钱来自后买后卖的人。

中国股市里的财富争夺战

股市的投资人可以分为散户、大户、金融机构。资金在100万元以下的自然人就被定义为散户。在泡沫之前，散户的数目占总股民的97%。

在2015年股市只升不降的泡沫时期，有2000万散户加了进来，散户数目一下暴增了30%。这些散户带来了大量新的资金，让市值水涨船高。可在这时，偏偏有人突然把自己的股票卖了出去。因为价格已经升高，他们的股票才能卖得好价钱。也就是说他们赚来的钱大部分来自新散户。

新散户带的资金被消耗了多少？可以这样估算一下，2015年2月老散户在股市里的资金是8.7万亿人民币。泡沫时期散户暴增了30%。如果新散户和老散户的财力相当，新散户带来的资金就差不多是2.9万亿人民币（8.7万亿×30%）。股灾过后的9月，所有散户在股市里的资金是9.6万亿。所以散户消耗的资金就是8.7+2.9-9.6=2万亿，摊在2000万新散户身上，每人平均损失10万。

当然在泡沫时期，大户和机构投资人也往里添钱，后来也承担了一些股灾中的损失。但要注意，股灾这一年，主要金融机构的净利润都达到了几年来的最高点。比如中信证券，2015年的净利润是198亿，比上一年增长了75%。大户和机构投资人也是股灾时撤离资金最多的人群。例如，持有股票超过1亿元的机构，股灾前有1万多家，股灾后减少到了7千多家。数字减少不是因为破产消失了，而是因为手里的股票卖掉了。这些机构的股票资产动辄几十亿，只要它们放开手甩卖股票，股价必然暴跌。再看看手上股票市值在1000万~1亿的大户，股灾前有8万多人，股灾以后只有3千人，数字减少也同样是因为变卖股票、撤离股市。相比之下，股票身家在1万元以下的散户，在这段波澜后却增长了一半；身家1万到10万的散户增加了三成。散户变多了，也变穷了。他们仍然堆积在股市里，拿着价值被稀释的股票，成了名副其实的"接盘侠"。

　　每一个国家的股市都是大户、机构以及散户之间的博弈，这套制度合理合法。然而中国股市有它的缺点：中国股市的股民绝大多数都是散户。散户里六成以上学历都在高中以下，之前也没有投资经验，对股票市场的运作没有了解，只看价格变动买卖。不成熟的散户很容易跟风，容易被操纵，容易炒股上瘾，容易变得不理智。反观机构和有经验的大户，他们往往握有充足的资金可以操纵股价，还可以渗透媒体，对股市进行不切实际的鼓吹。更有的机构和大户联合起来进行内幕交易，甚至买通企业高管，获得企业内部情报。总之在这个股市里，散户和机构大户的强弱明显，输赢毫无悬念。越多的散户进场，就为机构和大户提供了越多获利的机会。

政策性牛市

　　股灾往往始于泡沫，而泡沫一开始的时候都要有一个美好的故事，比如美国的高科技泡沫始于电脑网络技术大发展，美国房地产泡沫始于热火朝天的房地产市场，清末的橡皮泡沫始于橡胶的推广，等等。2015年中国股灾的泡沫也有个美好且真实的故事做起点：政府推动供给侧改革的决心很大，许多有利于企业的措施陆续出台（比如增值税改革），各方面的基础建设也规模空前，中国的互联网行业发展如火如荼，很多新型科技公司在国内获得了成功，孕育了很多商机。在股市上，几年来证监会对股市进行了有效的改革，强制上市公司给股民现金分红，从根本上增强了股票的价值，使得股票投资的投机性减弱。2014年年底上市公司有相当一部分利润高于预期。这一年各项指标都显示中国股票价值处于低估状态。总之，有经济、有科技、有政策、有业绩，投资股票形势一片大好。

在这里不得不提人民网曾发表的一篇名为"4000点才是A股牛市的开端"的文章，这篇文章发表于股市泡沫形成期间，和央视的其他宣传一样，这篇文章比较能代表当时政府的态度。然而文章中的4000点并没有支撑多久，股市升到了5100点后迅速跳崖，几个月后跌到了3100点，从此一蹶不振。有人抱怨正是被这篇文章误导，才进了股市挨宰。其实文章当时强调了，股市会是"赌场"，"投资风险依然不能忽视"。如果仔细读这篇文章，里面所有的分析，不管是经济基础，还是市值评估都是合乎逻辑的。但是人民网这篇文章忽略了一个重要因素：投资者心态。人们买股票，最终还是要套现走人。什么时候赚得多，就什么时候撤。当时股票几个月里已经涨了50%，有很多涨了超过100%。此时的股票持有者已经跃跃欲试准备出手卖掉了，股市必然回落，靠着惯性接着上涨的可能性很小，至少在短期内不太可能。

再美好的前景被恶意炒作都会变成坏事，再强的信心变成了疯狂迷信也终将酿成悲剧。借着政府的政策性牛市的波浪，很多媒体也大加宣传股市的壮阔前景，不切实际地预测股市，甚至给出了6000点、7000点这样高的数字。很多金融机构也借着机会招揽投资，让大量的散户带钱跑步进入股市。在这个大背景下，很多金融骗局也孕育而生。

防范股市骗局

虽然股灾不是由骗局引起的，而且受损失的散户很多也都是因为贪婪。但这次股灾暴露了中国股市很多问题。一个很大的问题是内幕交易，表现就是一些人先于市场知道一些公共信息，提前交易，股价因此提前变动，等消息一公布，别人已经没有获利空间了。比如，在国家救市措施宣布之前的一两天，股市价格就提前上升了，也就是说政府内部肯定有人提前走漏了风声，把消息传递给了可以影响股市变动的人或机构。还有的内幕交易是公司的管理人和机构联合，把公司内部信息提前告诉给机构，让它提前打好埋伏，等发放消息以后散户跟风，机构再出手挣散户的钱。所有内幕交易都是隐瞒欺骗市场的违法行为，以不公平的方式获得利益。抓内幕交易还是要靠监管的力量。股灾时期的调查也抓获了参与内幕交易的重量级大佬，既有业界的，也有监管部门内部的高层官员。

对于绝大部分的中小散户，还应该防范的是市场操纵。市场操纵就是靠不切实际的宣传来影响其他投资人心态，进而影响股价，从中渔利。这种操纵可以是用不正当的手段把新手哄骗入市，或是让人们对股市的回报抱有不切实际的幻想。操纵的手法主要是不当宣传，上当的一般是股市新手。

✿ "成功"的案例

为了引诱更多人开户，或让老散户投资更多，有的机构券商常常会大肆宣传出炒股成功的人士，包括一些电视台也会请这些人士现身说法。这些成功人士也就是一两个小散户，炒股十几年，有着十几倍、几十倍的回报。花功夫宣传他们，是为了让大家看到在家炒股能发财，不用在外面风吹日晒辛苦工作，很多人就上了圈套。宣传里的成功人士可能会有，但是极少。而且被放大宣传，让人误以为这是一种普遍现象。股市里90%散户长期都在亏钱，能挣钱就已很不容易，暴富更是极不可能。大肆宣传极小概率事件，让人对整体产生误解，这本身就是一种欺骗。要记住，即便有一两个人炒股暴富，那也是踩着弱小散户爬上的财富阶梯。用"一将功成万骨枯"来形容非常合适。

　　还有一种办法就是在炒股频道里播放一些专家推荐股票。这种做法在美国也很常见，在一些著名的财经频道，找一些知名的成功投资人，很全面地分析某支股票表示看好，而且这些投资人也是真正地买了这些股票才推荐给观众的。这一套做法看着童叟无欺很真实，还显得很无私，其实这里面也是有陷阱的。陷阱就是他不会告诉你什么时候该卖。这些知名投资人买下股票以后，巴不得全世界都跟着买，这样他们的股票才会升值。等价钱到了他们估算的卖点，再去卖掉。卖的时候就不告诉你了，肯定要赶在普通群众卖之前。挣的钱就是大家跟风买进投入的钱。

✿ 炒股伪秘籍

　　还有一种常见的手法就是教人炒股的套路。应该什么时候买，什么时候卖，配上一些技术分析的图表，说着一堆专业名词，一副高精尖的模样，但又非常好操作。这套做法的目的就是让人觉得能学会股市的"秘诀"，让股民自我感觉良好以后往股市里投入更多。

笔者曾经看过一个股评节目，主讲的是一个胡某，一直被包装成"华尔街华人职务最高人"。他在20世纪80年代曾经在纽约美林证券工作，职务是Vice President，这个职务翻译成中文是副总裁，让人感觉很高。其实在华尔街的公司里这就相当于小组长，最多是个部门经理，华尔街做到这个职位的中国人有很多。真正顶级管理层的职务都是字母C打头的，如总裁CEO，投资总监CIO，财务总监CFO等等。而且胡某的从业经验是在20世纪80年代的美国股市，用在现在的A股市场实在是风马牛不相及。他在美国业界无人知晓，却在国内被称作"股市神童"。

那期节目胡某给股民传授"卖出股票的十大信号"，讲得很浅显，一般的股民都很容易做到。比如盯紧行业龙头股，逆着惯性操作等等，讲得很像是真的。笔者怀疑他的动机，就按照他的操作法则和交易策略，用2015年的A股高频数据进行验证。结果发现他的十条法则没有一条是好用的，他所谓的卖出信号出现之后，股票并没有下跌。胡某在那期节目里还说了股市大涨的信号，同样在笔者的验证里，他的信号跟涨幅没有关系。总之，按照他教的套路买卖股票，根本挣不到钱！

股民对媒体传播的这些套路骗局，往往没有抵御的能力，因为股民根本就没有验证的能力。不能加以验证，也就不能知道真伪，自然就只能偏听偏信。只有金融机构或很少的专业人士才会有数据和编程技能，来验证某种交易策略是否可行，是否能带来盈利。如果炒股策略可行，那就是核心机密，不能向外界公布。机构都知道，如果把策略公布出去就相当于把钱撒在大街上一样。真正的交易公司都要很花力气做好保密工作，比如在程序上加密，禁止员工带手机工作等等。

在股市的财富战场里，要记住"兵者，诡道也"。没有任何法则是不变的，没有任何策略是一直有效的。不要相信所谓专家的炒股秘籍，那100%都是假的。

✿ 疯狂的场外配资

中国的股市是允许融资融券的。所谓融资就是从券商那里借钱炒股。这样做可以加大回报，同时也加大了风险，一般都是专业人士才知道怎么玩融资，散户这样做会比较危险，所以融资的门槛比较高，只有账户金额超过100万的大户或机构才有资格。

场外配资就是找国家规定之外的其他机构借钱炒股。场外配资路子很野，没有正规融资的规矩，谁都可以借钱，不管你的股本是七八万，还是一两万。而且场外配资比正规融资能借到的钱还要多几倍，也就是让炒股的风险加大好几倍。

对于大搞场外配资的机构来讲，这是一个稳赚不赔的行业，因为所有炒股的风险由借钱的股民承担。比如一个股民自己有1万，场外配资借了9万，加起来有10万去炒股。如果股票亏了10%，10万变成了9万。剩下的9万必须马上强制变现还给场外配资方，股民手里就一分不剩出局了。也就是说股票10%的下跌，给股民带来了100%的亏损，而配资方的钱原封不动，还有高额的利息可以赚。

股市泡沫期间，市场外配资很疯狂：除了正经的金融机构，社会闲散资金都加入进来。一时间，很多人都冒充自己是"搞金融"的。有的出租车司机边拉活，边说自己也搞配资，拉拢股民。各种配资小广告贴遍街头和单元房外，也大量出现在网站上。这些宣传都有一个共性：夸大回报，忽略风险。比较典型的广告标语如"我出钱，您炒股，挣钱归您"。看着让人心痒，但是却没说亏了钱后怎么办，似乎漏了一句话"亏钱也全归您"。这种宣传其实就是哄骗。也就是因为这样的场外配资的存在，很多股民很冒失，借来了大量的钱投入到了股市当中，让股市的泡沫越吹越大。最后股市只要下跌一点，这些配资股民的本金就全部赔进去了。

✿ 寻找替罪羊

股灾中的股市下跌是之前泡沫的必然结果。各种不当宣传和场内场外配资把股价拉到了不切实际的高度，股价必然回落。但是泡沫的始作俑者不会去说股灾的真实原因，为了打发股民，只好贼喊捉贼，去骂替罪羊。

海外游资是最常被攻击的对象，有的宣传里说股灾是因为海外游资突然撤离。的确，海外游资是一个很危险的力量，也是导致墨西哥比索危机和亚洲金融危机的罪魁祸首。但是在中国，海外游资的作用完全可以忽略。中国的A股市场对投资人有严格的控制，不光外国人没法买卖，就连在海外的中国人在网上进行交易都算违法。炒A股的机构里面确实有一些中外合资的金融公司，但控股的或说的算的都是中国人。外资一直都只能投资于B股市场，市值只有A股的0.5%。而且即便外资有资格进入A股市场，也要经过严格的货币兑换过程：没有外汇管理局和人民银行的批准，外资根本进不来，也出不去。

还有一个被攻击的对象是卖空。卖空就是先卖后买，靠价格下跌挣钱。卖空者可以让估值过高的股价回落到真实水准，前提是卖空的依据是真实的信息，比如公司亏损，或者股价确实高得不真实。卖空一直是发达股市的重要组成部分，美国有30%左右的交易量都是卖空。全世界都承认，卖空者里面确实有坏人。他们卖空以后，故意散播虚假的负面消息，让股票下跌，从中渔利。这种卖空叫做恶意卖空。

在中国股灾期间，媒体从来没有传播流言蜚语说股市会下跌，所以恶意宣传并不占主流。虽然地方上有个别人因为唱衰股市遭到惩处，但他们也没有大规模参与卖空。在公安部调查恶意卖空的过程中，确实有金融机构被抓，但原因并不是散布谣言和卖空，而是在政府救市的时候釜底抽薪，违反禁令撤走资金。卖空股票在中国叫融券，如果看看中国的融券活动，一直少得可怜。如果融资买入100块钱股票的话，融券卖出连1块钱股票都不到。相比疯狂买进，恶意卖空能造成的损失很小。

结语

"投资有风险，入市需谨慎。"一直是炒股亘古不变的道理。股灾之后人们对这句话的认识更加深刻。美国股市在20世纪50年代的时候也曾经和中国一样，大部分的投资人都是散户，也同样经历了大幅度的振荡，发生过的股灾也比中国这次严重很多。

虽然很多人在股灾中损失惨重，但不能因噎废食，不能彻底抛弃股票这种投资手段。如果看看各国股市，长期以来一直的回报都是可观的。代表美国股市的道琼斯股票指数，30年间从3000点涨到了20000点。中国股市长期也比较乐观，随着经济发展和股市改革深化，股票的价值体系还会继续加强。只是这需要一个过程，短时期内搞大跃进只会让我们事倍功半。

有钱流动的地方就会有金融骗局。为了防范股市中的各种骗术，股民自己要有独立的思考，要自己去学习，自己的钱自己做主，不偏听偏信，不被别人蛊惑，才能从股市中得到自己应得的一份。

图书在版编目（CIP）数据

危机的逻辑 / 王松，张劲帆著 . —北京：民主与
建设出版社，2018.5
ISBN 978-7-5139-2127-5

Ⅰ . ①危⋯　Ⅱ . ①王⋯ ②张⋯　Ⅲ . ①金融 – 基本知
识　Ⅳ . ① F83

中国版本图书馆 CIP 数据核字（2018）第 080963 号

危机的逻辑
WEIJI DE LUOJI

出 版 人	李声笑
著　 者	王　松　张劲帆
责任编辑	韩增标
监　 制	于向勇　秦　青
策划编辑	康晓硕
营销编辑	刘晓晨　刘　迪　初　晨
封面设计	红杉林文化
版式设计	李　洁
出版发行	民主与建设出版社有限责任公司
电　 话	（010）59417747　59419778
社　 址	北京市海淀区西三环中路 10 号望海楼 E 座 7 层
邮　 编	100142
印　 刷	三河市中晟雅豪印务有限公司
开　 本	700mm×995mm　1/16
印　 张	17
字　 数	215 千字
版　 次	2018 年 7 月第 1 版
印　 次	2022 年 1 月第 2 次印刷
书　 号	ISBN 978-7-5139-2127-5
定　 价	49.00 元

注：如有印、装质量问题，请与出版社联系。